「怒らない人」が人生10倍得をする

植西 聰
Uenishi Akira

ロング新書
Longsellers publishing

まえがき

人は日常生活の中で、時に、怒りたくなることがあると思います。

そこで、実際に、怒りの声をあげてしまった人もいるかもしれません。

では、なぜ人は、怒りという感情をおぼえる時があるのでしょう。

それは、広い意味で言えば、不満を感じるからだと思います。

「家族が、自分が言った通りのことをしてくれない」

「思っていた通り物事が進まないので、イライラする」

「自分はちゃんとルールを守っているのに、身近にルールを守らない人がいる」

「自分が一生懸命にやっていることを邪魔する人がいる」

このようなことがあった時、その当事者の心には強い不満を生じます。

そして、その不満から感情的に怒りを感じてしまうのです。

しかし、怒ったからといって、その不満は解消されるのでしょうか。

決して、解消されることはないと思います。

むしろ、その不満は、怒ることによって、ますます大きくなり、重く心にのしかかってくるのです。

従って、「怒る」ということは、その不満を解消するための良い方法ではないのです。

では、思い通りにならない不満を解消するために、もっとも最善の方法は何なのでしょうか。

それは、「怒らない」ということなのです。

言い換えれば、

「怒らずに、冷静に、うまくいかない状況を乗り越えるには、どうすればいいか考えて、それを実践する」

「怒りよりも、理性的に、どうすれば身近な人たちと協力していくことができるか、色々と工夫してみる」

ということです。

そのように、冷静に、理性的に対処してこそ、その不満を解消するための良い方法が見つかります。

そして、良い方法が見つかってこそ、初めて不満が解消します。

すると、心が大きな満足感に包まれて、自然に「怒り」という感情も消えていきます。

そういう意味で言えば、「怒らない」ということを心がけることで、その人の人生はより生産的で、より賢明なものになります。

「怒らない」ということで、多くのことを賢明に、また効率的に解決し、また、それを乗り越えていけるからです。

さらに、「怒らない」ということで、精神的に安らぎに満ちた人生を送っていけるようになるのです。

大らかな気持ちを持って、かつ、いつも冷静に物事を考えていくことによって「怒り」という感情から遠ざかり、よりすばらしい人生を実現してほしいと願っています。

植西　聰

1章

「怒りの業」から逃れて、本当の幸せを手に入れる

第5章
「慈愛」を抱いて、おだやかな心を作る

第8章 「思い詰めない心」で、怒りをおさめる

第9章

「感謝する心」で、怒りを寄せつけない

第1章

「怒りの業」から逃れて、本当の幸せを手に入れる

①「怒る」ことは、本当にいいことなのか、悪いことなのか

今、多くの人が思い違いをしているのではないでしょうか。

- 怒らないと、部下に甘く見られる。
- 怒らないと、相手は同じミスを繰り返す。
- 怒ることで、交渉事が有利になる。
- 相手を思い通りに動かすには、怒ることだ。
- 怒ることで、負け犬にされずに済む。
- 怒ることで、自分が正しいことを証明できる。
- 怒ると、気分が晴れる。
- 怒ることで、やる気が出る。

ここに掲げたようなことは、すべて正しいとはいえないのではないでしょうか。

実際には、まったく反対のことが起こることもあります。


「怒りっぽい上司」を、尊敬する部下などいません。心の中で、「なんて心の狭い上司なんだろう」と、さげすむこともあります。

また、上司が感情的になって怒れば怒るほど、部下はやる気をなくします。そして、かえって怒るほうが、部下は同じミスを何度も繰り返すようになるのです。


交渉事も、怒ったほうが負け、なのです。

相手は、怒っている人の姿を見て、どう思うでしょうか。

「怖いから、この人の言う通りにしよう」と思うでしょうか。

そんなことはありません。

「こんな感情的な人とつきあっていても、こちらの得になることは何一つなさそうだ」と考え、交渉事そのものを打ち切ってしまう結果となるでしょう。

怒ることで、自分の正しさなど証明はできません。

「あの人は、ウソを言っているから、あれだけ怒るのだ。無理矢理に、これが正しいと思いこませようとしているだけだ。だまされてはいけない」と、警戒心を抱かれるだけでしょう。

怒れば気分が晴れる、というのも間違いです。

むしろ反対です。イライラ、ムカムカする気持ちはますます大きくなっていき、自分でコントロールできないほどになります。そして、ヤケを起こして、みずから自分の人生をメチャクチャにしてしまうものなのです。

▼「怒ることは、自分にとっていいことだ」という考え方は、間違っている

「怒ることは、人生に悪い影響を与える」と、教えてくれているのが仏教です。仏教が生まれた古代インドでは、「怒り」という言葉には、「汚れる」「暗くなる」といった意味もあったそうです。

「怒り」というものは、そもそもネガティブなイメージでとらえられていたのです。

今、そのことに気づき始めた人も増えてきています。

「怒ることとは、本当に、いいことなのだろうか。怒らずに物事をすませる方法を考えるほうが、賢いのではないか。怒らないでいることで、本当の幸せと、心の安らぎを得られるのではないだろうか」

という反省的な意識を持つ人が増えてきているように思うのです。

とは言っても、「怒らない」というのは、言うのは簡単ですが、それを実践しようと思うとなかなかむずかしいのです。

そこでまた仏教の教えが参考にできます。

仏教では「怒りの感情を静める」方法や、ものの考え方を、色々と教えてくれています。その仏教の教えを、順を追って説明していきましょう。

②「怒りの連鎖」を断ち切ったところから、幸せが生まれる

こんな笑い話を聞いたことがあります。

ある人が「怒らない」と決めました。

そして、静かに瞑想にふけっていると、外から大工さんがクギを打ちつける音がカンカンと聞こえてきました。

彼にはそれがうるさくて、心が静まりません。

腹が立ってきて、外へ出ると、仕事をしている大工さんへ向かって、「怒らないと心に決めて、静かに瞑想にふけっていたのに、うるさいじゃないか」と怒鳴り散らしました。

家へ帰ってくると、ついカッとなって大工に怒ってしまった自分に気づきました。

「怒らないと心に決めたばかりなのに、これはいけない」と反省し、また気持ちを静めました。

すると今度は奥さんが、家の掃除を始めました。

奥さんは「そこにいると掃除の邪魔だ」と言わんばかりに、ホウキで彼のお尻を叩くのです。

夫を夫とも思わない、この無礼な行為に、また彼はカッときてしまいます。

夫は、怒らないと心に決めて、心を静めていたのに、奥さんを怒鳴りつけてしまいました。

すると奥さんも、「掃除の邪魔になっているのが、わからないの」と怒り出し、夫婦ゲンカが始まりました。

そこへ奥さんのお母さんが、「まあ落ちついて。怒りを静めて」と、ケンカをやめさせるために間に入ってきました。

そのお母さんに向かって、彼はまたムカッときて、「よけいな口を出さないでくださいよ」と怒ってしまいました。

これは笑い話ではあるのですが、大切な教訓を与えてくれているように思うのです。

一つには、「怒らないでいる」というのは、案外、むずかしいことであること。

もう一つには、「怒りという感情に、いったん火がつくと、怒りがエスカレートしていきやすい」ということです。

▼怒らないことを実践するのは、むずかしい。それが人の「業」だ

それが悪いことだと頭ではわかっていても、人はどうしてもその悪いことを繰り返してしまいます。

そして、みずから災いを招き寄せてしまうのです。

このような人間の行為を、仏教は「業《ごう》」と呼んでいます。

サンスクリット語では「カルマ」です。

「怒り」という感情も、人の「業」です。

人は「怒ることは悪いことだ。心の平安を乱し、人間関係を悪化させ、健康にも悪い」とわかっていながら、何かあるとついカッとなって怒鳴り声をあげてしまいます。

そして、一つ怒れば新しい怒りが生まれ、さらに別の怒りへと発展していきます。

この「怒りの連鎖」は、放っておけば、どこまでも続いていきます。

そうなると一生、死ぬまで、ブツブツと怒っていなければなりません。

そのような「怒ってばかりの人生」が、幸せなものであるとは思えません。

愛情に満ちた人生であるからこそ、人は幸せを感じ取れるのではないでしょうか。

「怒りの連鎖」を断ち切って、不幸へ落ち込んでいく人生を、幸福なものに向かって方向転換するには、どこかで自分自身の考え方を変えなければならないのです。

③ 怒りの感情を我慢するのではなく、我慢をなくすと怒りが消える

人生には「腹が立つ」ことが、山のようにあります。

人間関係も、仕事も何もかも、自分の思い通りにいかないことばかりです。

しかし、その度に「どうなっているんだ。何をやっているんだ」と怒ってばかりいたら、朝から晩まで怒鳴っていなければなりません。

血圧が上がり、喉は涸《か》れ、ストレスは溜まり、心身ともに疲れきってしまいます。精神的にも乱れ、イライラが止まらなくなり、とても安らいだ気持ちでは生きていけなくなります。

では、どうすればいいのでしょうか。

ここで提案したのは、「怒りを我慢する」ということです。

ここで言う「我慢」とは、一般的に使われている「我慢」という言葉の意味とは異

なっています。

一般的に言う「我慢」とは、「無理矢理に、力づくで、押さえこむ」ということだと思います。

沸き立っているお湯にフタをして、無理矢理押さえこむような方法です。

しかし、そんなまねをすればどうなるのか、すぐに想像がつきます。

沸き立つお湯はフタをしたところで、おさまらないのです。

それどころか、さらに激しく湧き立ってしまうでしょう。

「怒りの感情」も、同じなのです。

怒りを力づくで押さえこもうとすると、かえって怒りが強まってしまう結果となります。

「怒らない人」は「我慢強い人」ではないのです。

▼怒りの感情を「我慢する」と、怒りはますます強まっていく

最近、よく「キレる」という言葉をよく聞きます。

突然キレて、ものを壊したり、他人にひどい言葉を投げかけたり、時には犯罪行為にまで及ぶ人もいます。

とは言え、そのような「キレる人」は、ふだんから怒りっぽい性格ではなかった、というケースが多いようです。

むしろ、ふだんは我慢強く、文句一つ言わない、おとなしい人が「突然キレる」というケースが多いのです。

これは先ほどの「沸き立つお湯にフタをする」論理と同じなのです。

むしろ、我慢強い人ほど、自分の心の中でフツフツと湧きあがる怒りを抑えきれなくなって、あるきっかけで突然キレてしまうことも多いようです。

▼ふだんはおとなしい「我慢強い人」ほど、キレると怖い

じつは「我慢」という言葉は、仏教から生まれてきたものです。

一般的には、「我慢」という言葉は、いい意味で使われています。

「あの人は、我慢強い」と言えば、それはほめ言葉でしょう。

しかし仏教で言う「我慢」とは、まったく正反対に、悪い意味を持っています。

仏教での「我慢」には、「自分自身がこの世で一番偉い人間だと思い、他人をさげすむ」という意味があります。

そして、仏教は、この「我慢」の心を消し去るようにつとめるのが、「怒らない生き方」を実践するための、もっとも大切なポイントだと教えています。

怒りを「我慢する」のではなく、「我慢しない」ことで、怒りという感情を消し去るのです。

私は、「怒り」という感情に向きあうには、この仏教の教えに従うほうがずっと賢く、また、うまくいく方法ではないかと思っています。

④「七つの我心」を捨て去れば、おのずと怒りが静まっていく

仏教では、「我慢」という言葉には、悪い意味がある。それは「おごり高ぶって、他人をさげすむこと」と述べました。

では、もう少し具体的に説明していきましょう。

仏教では、人の「慢心《まんしん》」（おごりたかぶる心）には、次の七つのものがあると教えています。

これを「七慢《しちまん》」と言います。

①「慢《まん》」
②「過慢《かまん》」
③「慢過慢《まんかまん》」
④「我慢《がまん》」

⑤「卑慢《ひまん》」
⑥「増上慢《ぞうじょうまん》」
⑦「邪慢《じゃまん》」

それでは、この七つの「慢」には、それぞれどのような意味があるのでしょうか。

「我慢」とは、この「七慢」のうちの一つなのです。

▼怒りの感情は、人の心の中にある「七つの慢」から起こってくる

「慢」とは、「自分と他人を比較して、自分のほうが相手よりもすぐれた人間だと、何の根拠もなく一方的に決めつけたがる心」の意味です。

もし、他人のほうが、たとえば仕事で自分よりも高く評価されたり、自分よりも多くの人に尊敬されているとわかると、そこで強い怒りを感じることになります。

「過慢」とは、「もし自分よりもすぐれた人間が現れたとして、それを認めたくない気持ちから、あの人はたいした人間ではない。自分と大差はない人間なのだと、言い

ふらしたくなる心」のことです。

ここにも、実際には自分よりもすぐれた人間である相手への怒りの感情がひそんでいます。

「慢過慢」とは、「もし自分よりもすぐれた人間が現れた時、それを認めたくない気持ちから相手を見下すような言動を取り、自分のほうがすぐれた人間なのだと言いふらして、自分にうぬぼれる心」を言います。

その自分勝手な、自分のうぬぼれた気持ちを、誰かに指摘されたりすることがあれば、そこでまた強い怒りを感じることになります。

「我慢」とは、先にも述べましたが、「自分自身がこの世で一番偉い人間だと思う、おごりたかぶった心」のことです。

そのうぬぼれた気持ちから、まったくそれを証明する根拠などないのにもかかわらず、「他人をさげすんだり、バカにするようなことを言いたくなる心」の意味です。

「卑慢」とは、これまでの「慢」とは反対に、「自分よりもすぐれた者に対して、自分のほうが劣っていると、卑屈《ひくつ》な態度を示そうとする心」の意味です。

とは言いながら、やはり相手のほうがすぐれていることを認めたくない気持ちがどこかにあるので、あからさまに相手から見下したような態度を取られると、怒りの感情を爆発させます。

「増上慢」とは、「本当は悟りなど得ていないのに、自分は悟りを得たのだと、うぬぼれる心」の意味です。

仏典には、悟りを得ていないのにかかわらず、「自分はもうブッダに学ぶことはない」と、この「増上慢」を起こし、ブッダのもとを去った弟子が何百人かいたと伝えられています。この人たちは、誰かに説教臭いことを言われると、自尊心を傷つけられ、ひどく怒ります。

「邪慢」とは、「まったく偉くもない人間が、この世でもっとも偉いのは自分だと、おごり高ぶる心」の意味です。他人から見下されることに、ひどく腹を立てます。

そして、仏教は、この「七慢」を捨てれば、怒りは消え去っていくと教えています。

⑤ いつも「七つの悟り」を心がけていれば、「怒り」を静められる

「七つの慢心」を捨てれば、怒りという感情から遠ざかっていられる、と述べました。この点について、さらに話を深めていきましょう。

「七慢を捨てる」ということを、さらにわかりやすく言えば、次のようなことになるのではないかと思います。

①むやみに自分と相手を比べない。
②いつも人から「学ばせてもらう」気持ちでいる。
③相手の長所を発見し、それを尊敬する気持ちを持つ。
④自分一人で生きているのではない、と知る。
⑤上下関係の意識にとらわれない。
⑥いつも謙虚でいる。

⑦相手を立て、相手を尊重する。

もっとも大切なのは、「むやみに人と自分とを比べない」ということではないかと思います。比べるから「あの人は、自分よりも偉い役職についている。自分よりも能力もない人間なのに。どうせオベッカを使うことがうまい人間なのだろう」と、腹も立ってくるのです。

「あの子、私よりも性格が悪いくせに、どうして私よりも早く結婚するの。絶対に許せない」と、怒りの感情が湧き立ってくるのです。

自分は自分、他人は他人です。比べられるものではないのです。

言い換えれば、しっかりとした自分の生き方があり、他人を尊重する心のある人は、「怒る」ことはありません。

▼「偉ぶらない」「見下さない」が、「怒らない生き方」の出発点となる

仏教には、このような伝説があります。

中国に雲居山《うんごさん》という、高い山があります。

その頂上には、いつも雲がかかっていることから、「雲居山」と名づけられました。

さて、この雲居山の頂上には、五百人の羅漢《らかん》（最高の悟りに達した聖者）が住んでいるというのです。

その羅漢は、みな自分を自慢するように鼻が高く、雲居山の頂上から他人を見下して偉そうにしているというのです。

それ以来、仏教では、偉ぶったり、人をバカにするようなことを言う人のことを「雲居の羅漢」と呼ぶようになりました。

以来、とくに禅宗では「雲居山の頂上にいる羅漢のように、人を見下すような心を持ってはいけない」と教えられてきているそうです。


人には、それぞれ長所と呼べるところと短所と言える部分があります。

ですから一概に「自分は誰よりもすぐれている。誰よりも劣っている」といった言い方はできないのです。

あえて言えば、「自分は他人よりもすぐれているところもある」ということなのでしょう。

ただし、その代わりに、「自分は他人よりも劣っている部分もある」ということは忘れてはいけません。

自分のすぐれているところばかりを自慢し、他人の劣っている部分のみをバカにするような生き方をしてはいけないのだと思います。

まずは「偉ぶらない」「他人を見下さない」ことを心がけましょう。

それは「怒らない生き方」を始める第一歩になります。

⑥「愛情と慈しみ」の気持ちをいつも抱きながら生きていく

もう一つ、「怒らない生き方」で幸せな人生を手にするために、仏教の教えを紹介しておきたいと思います。

「慈眼視衆生《じがんししゅじょう》」

「福聚海無量《ふくじゅうかいむりょう》」

これは『観音経』という経典に出てくる言葉です。

「観音様は、限りない愛情をもって、この世に生きている人々を見守ってくれています」というのが、前段の言葉の意味です。

「その観音様のように、自分の周りにいる人たちに、愛情を注いでください。愛と慈《いつく》しみの心がある人は、海のような大きな幸福に包まれることでしょう」

というのが、後段の言葉の意味です。

この「慈眼視衆生」も、「怒らない生き方」のための大切なヒントになるのではないかと思い、ここに掲げました。

人に対して「愛情と慈しみ」の心をもってつきあっていくかぎり、相手に対して「怒る」ことはないでしょう。

また、相手から怒りの言動を向けられても、思い悩むようなこともないと思います。

ちなみに「慈眼《じがん》」とは、仏像などによく見られるような、愛情のこもった、やさしい眼のことを指す言葉でもあります。

心の中で「慈眼視衆生」を思っているばかりでなく、同時に顔や眼を、いつもやさしくしているように心がけてもいいでしょう。

相手もまた、やさしい気持ちになって、こちらにほほえみかけてくれるでしょう。

愛情で結ばれた人間同士に「怒り」という感情が入りこむ隙間はありません。

▼怒りは不幸をもたらす「悪因」、愛情は幸せをもたらす「善因」となる

仏教に、「善因善果《ぜんいんぜんか》、悪因悪果《あくいんあっか》」という言葉があります。

「善い行いをすれば幸せが訪れる。悪い行いをすれば、災難にあう」という意味です。

「人に怒る」のも、「悪因」になります。

怒ると、人間関係が悪くなり、誰も相手にしてくれなくなり、孤独感に苦しむようになります。そのように様々な「災難にあう」ことになるのです。

一方、「人に愛情を注ぐ」のは、「善因」になるのです。

愛情を注げば、怒りから遠ざかって、満ち足りた心で生きていけるようになるでしょう。

１章のまとめ

「怒り」という感情は、人を不幸にしていきます。

というのも、怒りの感情は連鎖していきます。一つのことに怒れば、また、別のことに腹が立ち、そしてまた新しい怒りの感情が生まれていきます。

怒りや行為によって心の中に溜まる悪い固まりを、仏教では「業《カルマ》」と呼んでいます。放っておけば、人間はこの「怒りの連鎖」、つまり「怒りの業」から逃れることができません。一生、死ぬまで、ブツブツと怒っていなければならないのです。

仏教が生まれた古代インドでは、「怒り」という言葉には、「汚れる」「暗くなる」といった意味もありました。怒れば怒るほど、その人の心はますます汚れていき、いっそう暗くなっていきます。

そのような「怒ってばかりの人生」が、幸せなものであるはずがありません。

愛情に満ちた人生であるからこそ、人は幸せを感じ取れるのではないでしょうか。

「怒りの連鎖」を断ち切って、不幸へ落ち込んでいく人生を、幸福なものに向かって方向転換するには、「我慢」という言葉がキーワードになります。

じつは「我慢」という言葉は、仏教から生まれました。

ただし、仏教でいう「我慢」には、今、一般的に使われている「我慢」という言葉の意味とは、違った意味があります。

仏教でいう「我慢」とは、「自分自身がこの世で一番偉い人間だと思い、他人をさげすむ」という意味なのです。

そして、仏教はこの「我慢」の心を消し去るようにつとめるのが、「怒らない生き方」を実践するための、もっとも大切なポイントだと教えています。


「自分が一番偉い」と思うから、他人が行うこと、言うことに、いちいち腹が立ってきます。「他人はバカだ」とさげすむから、他人の至らなさ、愚かさに怒りの感情がわいてくるのです。

ですから我慢を捨て、謙虚な気持ちで、他人を尊重していくのが、「怒らない生き方」には大切になってくるのです。

第2章

「柔軟な発想」で、怒りを消す

①「ウソも方便」で、相手を怒らせないですむ方法

ある夫婦の話です。

最近太りぎみであることを気にしていた妻が、ダイエットを始めたのです。

そして、ひと月たちました。

しかし、夫には、妻はちっともやせたようには見えませんでした。

そこで正直に、「本当にダイエットしているの。太ったままじゃない」と言ってしまったそうです。すると妻はカンカンに怒ってしまい、その後何日か、口もきいてくれなかったそうです。

夫は、「正直に本当のことを言ったのに、なぜ怒るんだろう。自分が悪いんじゃない。怒った妻のほうが悪いのだ」と怒っていました。

しかし、悪いのは、夫が言うように、妻の側なのでしょうか。

むしろ夫のほうが、ずっと悪いことをしたとも考えられるのではないでしょうか。

と言うのも、「正直に本当のことを言う」のが、いつも正しいとは限らないのです。

▼「本当のことを言う」ことが相手を傷つけ、怒らせることもある

仏教に「ウソも方便」という言葉があります。

「真実を言うことが相手を傷つけたり、悩ませたりする結果となる時には、あえて真実を言う必要はありません。もしウソを言うことで、相手を勇気づけ、幸せな気持ちにするならば、ウソを言ってもかまいません」という教えです。

仏典には、こんなエピソードがあります。

悪い行いを散々重ねたある盗賊が、改心してブッダの弟子になりました。

その弟子が修行のために諸国を歩き回っていた時のことです。

ある村で、赤ん坊がなかなか生まれずに苦しんでいる女性がいました。

彼は、どうにかして女性の苦しみを取り除いてあげたいと思いました。

しかし、どうすればいいのかわかりません。そこでブッダに相談したのです。

するとブッダは、「女性に、このように言ってあげなさい」と彼に言いました。

「『自分は、生まれてから今までに、生き物の命を奪ったことがありません。悪い行いも一切したことがありません。そのような徳のある私が、あなたを励ましてあげましょう。そうすれば、あなた自身から、そしてあなたのお腹の中にいるお子さんからも、苦痛が取り除かれ、安らぎが得られるでしょう』といったような意味のことを言ってあげなさい」

と、ブッダが彼に教えたのです。

しかし、彼は、「自分は人殺しもしました。悪い行いもたくさんしてきた人間です。そんなことを言えば、ウソになります」

と、ブッダに言い返しました。

ブッダは、「たとえウソであっても、それが女性を苦しみから救うのであれば、そのウソが許されるのです」と、彼に教えました。

彼はブッダから教えられた通りにしました。

すると女性は安心し、無事に子供を生んだというのです。

▼相手を勇気づけるためのウソであれば、そのウソは許される

先ほどの夫婦の話に戻りましょう。

まったく妻がやせたように見えなくても、「やせたみたいだね。がんばってね。その調子で、さらにダイエットに励もうね」と言ってあげるのが、正しいあり方なのではないでしょうか。

たとえウソであったとしても、それが「ウソも方便」というブッダの教えを実践することになります。

そう言ってあげれば、妻も怒ることなく、すなおに「もっとダイエットにがんばろう」と思うことができたでしょう。

そして妻がそう思っていると、実際にダイエットに成功する確率も高くなるのです。

② 性格が合わない相手へ腹が立つ時の、ものの考え方

人間関係には「相性」というものがあります。

相性が合わない相手とは、何か意地悪をされているわけではないのに、一緒にいるだけでイライラさせられることもあります。

また、相性の悪い相手のことを、「どうしてあの人は、細かいことにうるさい性格なんだ。まったくイヤな性格だ。腹が立ってしょうがない」と、悪口を言う人もいます。

しかし、相性の悪い相手に、そのように怒りの感情を向けて、何の意味があるのでしょうか。

相手が「イヤな性格」に思えてくるのは、たんに「相性が合わない」から、そう思えてくるだけでしょう。

別の第三者から見れば、その人は「几帳面だから、安心して頼み事ができる人だ」

と、まるで正反対の高い評価を受けているかもしれません。

人の性格をどう受け取るかは、人それぞれなのです。

ですから自分が一方的に、「あの人は悪い性格だ」と決めつけることなどできません。それに第一、「その性格、どうにかなりませんか」と、相手に対していくら怒ったところで、相手はその性格を変えてはくれないでしょう。

人の性格というのは、持って生まれたものです。

誰かに怒られたからといって、そう簡単に変えられるものではありません。

▼相性が合わない相手に「性格を変えてくれ」と怒っても仕方ない

相手が変わらないならば、「自分がつきあい方を変える」のが、賢い知恵ではないでしょうか。

そうすることで相手との接点が生まれ、人間関係がスムーズに運ぶようになります。

よけいな怒りの感情にふりまわされて、イライラすることもなくなります。

そして安らいだ気持ちで、人とつきあっていけるようになります。

仏教に「対機説法《たいきせっぽう》」という言葉があります。

この言葉には、「相手の性格や知識、性別や年齢などによって、もっとも相手がわかりやすい話し方をしなさい」という意味があります。

ブッダが、仏教の普及のために、インド各地を説法して歩きまわっていた時のことです。

ブッダは、行く先々には、色々な人たちがいることに気づきました。

せっかちな人、のんびりしている人、偉そうに振る舞う人、疑い深い人など、様々な性格の人がいます。

ブッダは、せっかちな人に「のんびりとした話し方」で説法をすれば、相手はイライラし始め、途中で話を聞かなくなってしまうことに気づきました。

一方、のんびりした人に「せっかちな話し方」をすれば、また途中で聞く気をなくしてしまうのです。

そこでブッダは、その人に即した話し方で説法をするように工夫したのです。

それが「対機説法」です。

▼相手の性格に即したつきあい方を学べば、人間関係は円満になる

私はこのブッダの「対機説法」をまねてみてはどうかと思うのです。

相性のいい悪いで、カリカリと怒ることもなくなるでしょう。

この方法で誰とでも円満につきあえ、誰からも愛される人になれるのではないかと思います。

③ 周りの人たちの愚かさに腹が立って仕方がない時の、ものの考え方

ある職場の上司は、「今の若い者は」と言って、いつも怒っているそうです。

「今の若い者たちは、我慢強さがない。ちょっとしたことで、すぐに弱音をはく。自分が若かった頃には、どんなに辛いことでも、弱音など言わずに、歯を食いしばってがんばったものだ」

「今の若い者たちは、なんて理解力がないのだろう。何度も何度も説明してやっても、言った通りにできない。自分たちの若い頃は、一を聞いて十を知るような社員になれ、と教育されたものだ。それに比べて、今の若い者は、十話してやっても、一しか知ることができないのだから」

そのようなことが、上司の「怒り」の原因なのです。

確かにその上司は、人一倍努力家で、頭脳の働きも明晰《めいせき》です。いわゆる、やり手のビジネスマンなのです。

そんな有能な上司から見れば、若手の社員たちは愚かな者ばかりに思えてくるのでしょう。若い人の、ふがいなさに、腹も立ってくるのでしょう。

しかし、頭ごなしに怒れば怒るほど、かえって若い人たちは怖れおののいてしまって、上司の期待にこたえられなくなっていくようにも思います。

▼「愚か者」と怒れば怒るほど、相手は愚かになっていく

ここで紹介してみたい、インドの昔話があります。

昔、インドのある地方では、毒の雨が降ることがあると言われていました。

その毒の雨を飲むと、人は気が狂って、裸になって踊り出してしまうのです。

さて、ある日毒の雨が降り、その国の王様につかえる家来たちが雨水を飲んでしまいました。

家来たちは気が狂い、裸になって踊りながら、王様の前に現れました。

しかし、王様は、雨水を飲みませんでしたから、ちゃんと服を着ています。

その王様を指差して、家来たちは「王様は気が狂っている」と騒ぎ立てました。

しかし、王様は怒りませんでした。

「お前たちが言う通りだ」と言って、着ているものを脱いで、家来たちと同じように裸になったのです。

すると家来たちは安心して、自分たちの仕事へと戻っていきました。

数日後、雨の毒が抜けて、家来たちは服を着て王様のもとへ行きました。

しかし、王様は、裸のままでいました。

その姿を見て、家来たちは「王様は気が狂っている」と騒ぎ立てました。

すると王様も、「申し訳なかった」と謝って、服を着ました。

家来たちは安心して、自分たちの仕事へと戻っていきました。

▼上の者が、下の者に「合わせた指導法」を取ることが大切だ

この昔話は、「周りの人たちに合わせることの大切さ」を教えてくれているように思います。

「気が狂っているのは、おまえたちだ。愚か者め」と、いくら怒ったところで、下にいる者たちは納得しないのです。

上にいる者が、下の者たちの能力、考え方、感じ方に「合わせる」ことによって、彼らは安心して仕事に従事できるのです。

「今の若い者は」と怒っている上司が、実践しなければならないのも、この「下の者に合わせる」ことではないかと思います。

下の者たちの立場になってものを考え、同じ目線でものを話し、相手に合わせた指導をしていけば、若い人たちも期待にこたえてくれるようになるでしょう。

④ 見かけだけで判断されて頭にきた時の、こんな対処法

「見かけ」だけで、自分の能力や人間性を判断されるのは、とても不愉快なものです。

こんなことで怒っていた男性がいました。

彼が高級レストランへ食事に行った時の出来事です。

その店へ、彼は見かけがよくない普段着で行ったそうです。

すると店員が、「こいつは、ほんとにお金を持っているのか」といった失礼な目つきで、彼をジロジロと見てきたというのです。

店員の態度も、ひどく悪いものでした。

ドレスアップしてきた人に対しては、とてもサービスがいいのですが、彼に対しては、客を客とも思っていないような態度だったというのです。

ですから彼は、「見かけで、露骨に態度を変えるようなあんな店には、もう二度と行くものか」と、ひどく怒っていたのです。

まあ、気持ちもわかりますが、怒ることもないのではないかと思います。怒れば、気持ちがかき乱れ、血圧があがり、心臓に負担がかかり、自分にとっていいことは何一つありません。

「怒る」よりも「笑って」やればいいのです。

笑うほうが、怒ることよりも、ずっと健康的で、賢い対処の仕方です。

▼人を見かけで判断する、失礼な人間に対しては、怒るよりも笑ってやる

「一休さんのトンチ話」で有名な一休《いっきゅう》禅師に、こんな話があります。

ある時、お金持ちの商家から、一休禅師に、法事を営んでくれるようにと依頼があったのです。

一休禅師はボロボロの法衣を着て、その家へ出かけていきました。

すると入口で、主人から、「なんて汚らしい。さっさと出ていけ」と追い返されてしまったのです。

その汚らしい姿から、家の主人はそれが一休禅師だったとは、気づかなかったのです。

その後、寺に戻った一休禅師は、今度は立派で、きらびやかな法衣を着て、またその家を訪ねました。

すると、家の主人は先ほどとは打って変わった態度で、「さあ、どうぞどうぞ。遠慮せずに、家へ入ってください」と大歓迎をしたのです。

一休禅師は、玄関で、着ていた法衣を脱ぎ捨てました。

「それでは、この法衣だけを家へ入れてやってください。私自身は、先ほど追い返されましたので、帰ります」

と言い残して、裸になってその場から立ち去ってしまったのです。

これは笑い話です。

一休禅師は、ちょっとしたイタズラをして、見かけでしか人を判断しないその家の主人を笑ったのです。

▼怒ると、気持ちが落ちこむ。笑うと気持ちが前向きになって、元気が出る

怒りを感じる相手へ「怒る」のではなく、「からかって笑う」のが、一休禅師の「知恵」なのです。

脳科学の研究者は、「笑う」ことは気持ちを前向きにする効果があると言っています。カチンとくることがあっても、「笑う」ことで、「そんなことにへこたれずに、前向きに生きていこう」という気持ちになれるといいます。

もちろん一休禅師は、このような脳科学の研究結果についての知識を持っていたわけではないでしょう。しかし、「怒るよりも笑うほうが、ずっといい」ということについては、体験的に気づいていたと思われます。

⑤「人を怒らせてばかりいる」という人のために

「自分ではそんなつもりはないのですが、自分が述べた言葉が相手を怒らせてしまうことが、よくあります。何が、いけないのでしょうか」と言う人がいます。

この答えのヒントとして、古代中国の哲学書である『菜根譚《さいこんたん》』の言葉を紹介しておきたいと思います。

「人の小過《しょうか》を責めず。人の隠私《いんし》をあばかず。人の旧悪を念《おも》わず」というものです。

*他人の、ささいな失敗を責め立ててはいけません。

*他人の、隠し事をばらしてしまってはいけません。

*他人が、昔おかした過ちを責め立ててはいけません。

これが現代的に訳した意味です。

ここに掲げた三つの言動が、相手を怒らせる確率が非常に高いのです。
これは、相手の身になって考えてみれば、すぐにわかるでしょう。

▼「責めない」「ばらさない」「過去をほじくり返さない」をモットーにする

自分自身が誰かから、どうでもいいような小さなことで責め立てられたら、どう感じるか想像してみましょう。

たとえば、「ごはんを食べている時に、ごはん粒を一つ落とした」「提出したレポートに髪の毛が一本挟まっていた」「静かな場所で、誤って物を落とし、音を立ててしまった」といったようなことです。

そのような、ささいなことで、「なぜ、そんなことをするのだ。まったく人間性を疑ってしまうような行為だ。おまえのようなやつは最低だ」などと、激しく責め立てられたら、「なにを！」と感情的になり、怒鳴り返したくなってしまって当然でしょう。

「よく人を怒らせてしまう」という人には、そのような失敗をすることが多いのです。

「あなただけに教えることなの。だれにも言わないでね」

と、知り合いに打ち明けた秘密を、周りの人たちにばらされてしまったら、自分自身どう思うか……ということについても想像してみましょう。

やはり激しい怒りを感じるはずです。

「よく人を怒らせてしまう」という人は、よくこの失敗もおかします。

口が軽いのです。

口が軽い人も、しばしば人を怒らせてしまうことがありますので、注意しておきたいものです。


また、自分自身の、もう忘れていた五年前、十年前の失敗をほじくり返すようなことを言われたら、どう感じるか……についても想像してみましょう。

「今さら、何を言いたいのだ」と、怒りが燃えあがってくるはずです。

過ぎ去ってしまったことは「水に流してしまう」のがいいのです。
それが「相手を怒らせない」コツです。

▼自分が「人からされて」腹立たしいことは、「人にしない」と決めておく

この「人を怒らせない」三つの知恵のある人は、誰からも慕われる存在になれると思います。

そしてたくさんの友人に恵まれ、職場や学校などでは、信望のあつい人気者になれることでしょう。

⑥「自分の陰口」を偶然聞いてしまった時の対処法

ある三〇代の管理職で、独身のキャリアウーマンがいます。

彼女は、ある日、職場に入社してきたばかりの若い女性社員たちが、休憩室で自分の噂をしていたのを、偶然に耳にしてしまったのです。

「仕事に生きる女だから結婚しない、なんて言っているけど、性格が悪くて結婚できないことの言い訳じゃない」

と言い合って、自分のことを笑い者にしていたというのです。

それ以来、彼女は腹が立って仕方がありません。激しい怒りのために、胃が痛くなり、体調も悪くなってしまったと言います。

確かに、年下の相手から笑われたり、あるいはバカにされるような言葉を投げかけられると、たいへん腹が立つものです。

同じ内容のことを、同じ年の友人や、上司、先輩から言われても怒りはしないのですが、年齢や地位が下の相手から言われると腹が立つものでしょう。

しかし、そこで怒ってしまったら、ますます陰口の標的にされてしまうだけですから、注意しておきたいものです。

▼陰口を言われて「怒るか、怒らないか」で、人の「心の広さ」がわかる

ブッダの話をしましょう。

仏教の布教を進めていくに従って、多くの人がブッダを慕うようになっていきました。そんなブッダに嫉妬して、陰口を言いふらす人も現れました。

ある日、ブッダの陰口を言っていた人物が、ブッダに会うことになりました。

その人物は、「自分が悪く言っていることをブッダは知っているはずだ。当然ブッダは怒りの感情をぶつけてくるだろう」と予想していました。

しかしブッダは、少しも怒ることなく、おだやかな笑顔でその人物を迎えたというのです。

そのようなブッダの態度を見て、その人物はすっかりブッダの人間性に魅了されてしまい、それ以来、ブッダの信者となったそうです。

陰口を言われて怒れば、ますます悪く言われるだけです。

怒らずに、おだやかでいれば、「心の広い人だ」と、かえって良い評判が高まることになります。

2章のまとめ

怒りとは、人の「感情」です。感情に打ち克つためには、「知恵」を働かせなければなりません。

仏教は、怒りという感情に打ち克つための、様々な知恵を教えてくれています。

怒りという感情は、多くの場合、人間関係の感情的なもつれが原因となります。ですから、お互いに仲良く、円満な関係を続けていけるように、仏教は知恵を与えてくれるのです。


たとえば、仏教に「ウソも方便」という教えがあります。

「真実を言うことが相手を傷つけたり、悩ませたりする結果となる時には、あえて真実を言う必要はありません。もしウソを言うことが、相手を勇気づけ、幸せな気持ちにするならば、ウソを言ってもかまいません」という教えです。

また仏教に対機説法《たいきせっぽう》という言葉もあります。

この言葉には、「相手の性格や知識、性別や年齢などによって、もっとも相手がわかりやすい話し方をする」という意味です。

ある時ブッダは、せっかちな人に「のんびりとした話し方」で説法をすれば、相手は怒って、途中で話を聞かなくなってしまうことに気づきました。一方、のんびりした人に「せっかちな話し方」をすれば、また途中で怒ってしまいます。

そこでブッダは、その人に即した話し方で説法をするように工夫したのです。

古代中国の哲学書である『菜根譚』では、「人の小過《しょうか》を責めず。人の隠私《いんし》をあばかず。人の旧悪を念《おも》わず」という教えが述べられています。

「他人の、ささいな失敗を責め立ててはいけない。他人の隠し事をばらしてしまってはいけない。他人が昔おかした過ちを責め立ててはいけない」という意味です。

「自分の悪口を言う相手に、怒って言い返さない」というのも、仏教の教えです。

陰口を言われて怒れば、ますます悪く言われるだけです。

怒らずに、おだやかでいれば、「心の広い人だ」と、良い評判が高まります。

第3章

「大きな心」で、怒りを笑い飛ばす

①「男らしくない」「女らしくない」と言われた時の、怒りの静め方

「……らしくない」という言い方をされると、思わずカチンときてしまう人がありま
す。

「キミは、本当に、女らしさがない人だなあ」

「課長は、上司らしくありませんよね」

「もう大人なんだから、大人らしくすれば」

このような言い方です。

自分の日頃の振る舞いをバカにされているように思えてきて、頭にくるのです。

自分の人間性を全面否定されたように思えてきて、堪えられない気持ちにさせられ
ます。


とは言っても、多くの場合、相手はそれほど悪気があって言っているのではないよ

うにも思います。

ただ、その場で思いついたことを、口にしているのにすぎないのです。

そんな人を相手に、カンカンになって「バカにするな」と怒鳴りつけるのは、大人げないと思うのです。

▼「らしくない」と言われて怒ると、「大人げない」と思われる

仏教に、こんな説話があります。


ある時、ブッダは弟子に、こんな問いかけをしました。

「私の手のひらに、塩が山盛りになっているとしましょう。この塩を、お茶の入っている茶わんに入れたら、どうなりますか」

「お茶は、塩っからくて飲めなくなります」と、弟子は答えました。

ブッダは、「その通りです」と言って、さらに問いました。

「では、この塩を、ガンジス川へ入れたら、川の水は塩っからくなりますか」

「いいえ、川の水は塩っからくはなりません」と、弟子は答えました。

ブッダは大きくうなずくと、こう言いました。

「人間も同じなのです。心の器が浅く狭い人は、ささいなことで気持ちをかき乱されて、怒ったり、騒いだりします。しかし、心の器が、ガンジス川のように大きく、深く、広い人は、多少のことがあっても動じることはありません。何事も変わりなく、平然としています。心の器を大きくするために、善行を数多く行いなさい」と。

▼「心の広く、深い」人は、ささいなことで怒ったりはしない

相手の「悪気のない言葉」にカンカンになって怒り出すのは、「茶わんのように、心の器が浅く狭い証し」となるのでしょう。

心を広くするには、改めればよいのです。

「女らしくない」と言われたら、「そうかしら。女らしくはないかもしれないけれど、みんなから頼りがいのある人間だって、よく言われているのよ」と、笑ってすませばいいのです。

「上司らしくない」と言われた時も、「その代わりに、何でも気軽に相談できる、兄貴みたいな上司だって、慕ってくれる部下もいるんだ」と、笑ってすませばいいのです。

「怒る」のではなく、「笑ってすます」ことのできる人は、ブッダのいう通り「何事があっても動じない、広い心の持ち主」であると思います。

いわゆる「大人物」と呼ばれるような人です。

「弱い犬ほど、よく吠える」という、ことわざもありますが、ささいなことで怒っている人は、いわば「弱い犬」、「弱い心の持ち主」なのでしょう。

心の広い「大人物」になると、怒りが静まります。

②お店の店員に「失礼な振る舞い」を受けた時の対処法

お店やレストラン、ホテルの従業員に「なんだ、その失礼な態度は！」と、思わずムカッと腹が立つことがあるものです。

楽しみにしていたお店や、家族や友人と楽しい時間をすごそうと思ってやって来たレストランで、そんな不愉快な思いをさせられると、その日一日が台無しになってしまい、本当に残念です。

しかし、その従業員を相手にして怒鳴って、何の利益になるのかよく考えてみなければなりません。

相手は、「すみませんでした」と平謝りした上に、お店の責任者が出てきて、頭を下げてくれたとしても、けっして自分の怒りは静められないでしょう。

その後、三日間ぐらいは、失礼な態度を取った従業員の顔を思い浮かべながら、ムカムカした思いを引きずって暮らしていかなければならなくなるでしょう。

そう考えれば、「怒らない」ほうが、ずっと得策です。

「怒る」よりも、「知恵を得る」ことを優先しましょう。

その場合は、「知恵を得て、それを賢く行動に生かす」ことが大切です。

たとえば、店員から失礼な振る舞いを受けた時、一つには、次のような知恵を授かることができます。

▼従業員の態度が悪いお店は「トップが無礼な人間である」の証し

「子は親に似る」と言われます。

それと同じように、「従業員はトップに似る」のです。

その店の店長、その会社の社長が「失礼な人間」「態度が悪い人」「マナーがなっていない人」である時、そこで働く従業員にも自然に、そんなトップの人柄が影響していきます。

トップが失礼な態度で従業員に接するようにしていると、従業員は失礼な態度でお客さんに対するようになるのです。

トップが、そのような人柄のお店には、いい商品は置いていないでしょうし、楽しいサービスも望めません。

もちろんおいしい食事なども出てこないでしょう。

そのように考え、お客に対して失礼な従業員がいるお店には、「もう二度と行かない」ということにすればいいのです。

それが
「知恵を得て、行動に生かす」

ということになります。


また、そのようなことを実践することで、不思議に、気持ちが静かになってくるのです。不愉快な思いを後に引きずることなく、すぐに忘れ去ることができます。

「ささいなことで、自分は腹を立てずにいられた。自分は理性的な人間だ。何事にも、自分は賢く対処できる」という自信も生まれます。

▼「怒らずにいた自分」に自信を持つ。その自信が、自分を向上させる

もし、行ったお店の店員に失礼な態度を受けて、思わずムカッときた時には、「自分は今、神様に試されている」と考えましょう。

そして、むやみに怒らずに、そこから知恵を学び、それを今後の行動に生かすことができれば、神様は「大きな自信」が与えてくれます。

そして、その自信は、今後の仕事の上でも、身近な人間関係においても、必ず役立っていくことでしょう。

③ 交通渋滞に巻きこまれた時の、イライラする気持ちの静め方

道路の交通渋滞で、頭からポッポと湯気をあげながら、車のクラクションをブーブー鳴らしている人がいます。

アクシデントで電車が止まった駅で、駅員をつかまえて「どうなっているんだ。早く電車を運行させろ」と怒鳴り立てている人もいます。

しかし、怒ってクラクションを鳴らしたり、駅員を怒鳴りつけて、どうなるというのでしょうか。

車は流れ出し、電車は動き出す、というのでしょうか。

そんなことはありません。

いくら怒っても、どうにもならないことでカンカンになって怒るのは、たんなる八つ当たりです。

他の車の運転手や、駅員に怒ることによって、自分の心の中にあるイライラ、モヤ

モヤした感情を晴らそうとしているのです。

しかしながら、怒ったところで、心は晴れません。

かえって不愉快な気分が増していくばかりです。

八つ当たりは、かえって逆効果になるのです。


仏教に、「諦《たい》」という言葉があります。

これは「あきらめる」という意味です。

ただし、「がんばればどうにかなるのに、あきらめる」という意味ではありません。

「人間の力では、どうすることもできないことだと理解して、あきらめる」というのが、仏教での「諦」の意味です。

交通渋滞に巻きこまれた時も、アクシデントで電車の運行がストップした時も、自分では「どうすることもできない」のですから、ここは仏教で言う「諦」の心境になるしかありません。

しかし、不思議なことです。

「あきらめる」ことによって、違った心境になるのです。

気持ちがおだやかになり、心が安らいで、たとえば「せっかく車が止まっているのだから、ゆっくり音楽を聴こう」といった、前向きな気持ちが生まれてきます。

「電車がストップして時間ができたから、ちょっとコーヒーショップへ立ち寄って、読書を楽しもう」といったように、気持ちを上手に切り替えることができるのです。

イライラと怒っているだけでは、このような発想の転換はできません。

その意味では「諦」とは、現状を受け入れることによって、前向きに生きていくことを勧めている考え方とも言えます。

▼「あきらめる」とは、今の状態を前向きに受け入れること

たとえば、「老いる」ということです。

人は、年月と共に老いていきます。

肌はゆるみ、運動能力は低下し、記憶力も減退していきます。

これは「人間の力では、どうにもならないこと」です。

いくら「どうなっているんだ。許せない」と怒ってみたところで、人は「老い」から逃れられません。

この事実を理解し、あきらめるのが「諦」なのです。

「諦」には、「前向きに受け入れる」という意味もあります。

「老い」は、逃れられない現実です。

ならば「老い」を前向きに受け入れて、今の年齢でできることを精一杯するのです。

この年齢でしかできないことを大いに楽しむのです。

「諦」には、このような積極的な意味もあります。

④ ストレスから、怒りっぽくなっている時の対処法

ストレスも、人の心に「怒り」という感情をもたらす大きな原因の一つです。
たとえば、このようなことは、人の心に大きなストレスとなります。

- 仕事が忙しく、プライベートの時間が取れない。
- 厳しいノルマが重圧となっている。
- 上司や同僚たちと気が合わず、精神的にまいっている。
- 自分がリストラの対象になるのではないかと、不安でしょうがない。
- 子育てに自信が持てない。相談できる相手がいない。

そしてストレスが溜まってくるにつれて、ささいなことでカッと頭にきて、家族や身近な人たちに、怒らなくてもいいことで怒ってしまうのです。

気持ちに余裕がなくなっているのが原因です。

しかしながら、日常のちょっとした短い時間を有効活用することで、余裕のなくなった心に「ゆとり」「静けさ」「潤《うるお》い」「なごみ」を取り戻すこともできます。

ここでも、仏教が役立ちます。

それは、瞑想と呼吸法です。

ブッダも仏典の中で、「瞑想を習慣にすること」「深呼吸すること」の大切さを、繰り返し述べています。

瞑想と深呼吸は、言ってみれば「心のメンテナンス」なのです。

ストレスからボロボロになった心は、時々「瞑想と深呼吸」によってメンテナンスしてあげなければなりません。

そうしないと怒りの感情から、心が砕け散ってしまいます。

▼時々、「瞑想と深呼吸」によって、心に安らぎを与える

それでは具体的な方法について述べましょう。

仏教にはいろいろな瞑想法があります。

その中で「瞑想と深呼吸」の実践法を詳しく教えてくれる方法として禅があります。

禅宗では、一般的に、一本の線香に火をつけて、それが燃え尽きるまでの時間、禅に取り組むのがいいとされているようです。

これを「座禅一柱《ざぜんいっちゅう》」と呼びます。

一本の線香が燃え尽きるのにかかる時間は、約四十分です。

四十分間、足を組み、目を半ば閉じて、深く、ゆっくりとした呼吸を繰り返しながら、瞑想にふけるのです。

この坐禅を朝と夕方を中心に、一日何度か繰り返します。

そうすることで気持ちが静まり、「怒り」という感情に惑わされることがなくなるのです。


しかし、修行僧でない一般人にとっては、一回四十分の坐禅の時間を一日に何度か作るのは、とても無理だと思います。

坐禅は、五分~十分の時間でも、充分に、ストレスを解消し心を安らげる効果があると言われています。夜、寝る前の五分~十分の坐禅を習慣にするだけでもいいのです。

また、坐禅の他に「立禅」という方法もあります。

これは、立ってする禅のことです。立ちながら、半ば目を閉じ、呼吸を整え、瞑想にふけるのです。

この「立禅」であれば、行き帰りの通勤電車の中でもできるでしょう。

一日五分~十分の禅によって、怒りに振り回されない生活が実現できます。

⑤「部下をどう叱るのか」迷った時の、対処法

上司にとって、もっともむずかしいのは「部下の叱り方」だと言われています。

叱り方が上手な上司は、叱ることによって部下をやる気にさせ、部下が持っている能力を引き出してやることができます。

しかし、叱り方がヘタな上司は、反対に部下のやる気を奪ってしまいます。

「あんな上司についていけない。こんな仕事やってられない」と、ふてくされた気持ちにさせてしまうのです。

それでは、「上手な叱り方、ヘタな叱り方」とは、どのようなものなのでしょうか。

この二つの叱り方には、どういう違いがあるのでしょうか。

考えてみたいと思います。

▼叱り方で、部下はやる気を出すこともあるし、やる気をなくすこともある

鎌倉時代に道元《どうげん》という僧侶がいました。

曹洞宗の開祖で、日本に坐禅を普及させた人物です。

この道元が、若い頃に、中国（宋）に仏教の勉強に行っていた時の話です。

ある禅寺で、道元は禅の修行を行いました。

その時の、禅の師匠であった如浄《にょじょう》という人は、たいへん厳しい人だったと言います。

坐禅の最中に、弟子たちが集中力を失ったり、居眠りをしていたところを見つければ、厳しい言葉で叱りつけました。

また、履物《はきもの》で背中を叩くこともありました。

しかし、弟子たちは、師匠の厳しい言動に心から感謝していました。

というのも如浄は、つねづね弟子たちに、このように言っていたからなのです。

「私が厳しくするのは、あなたたちが憎いからではありません。どうしていつまでも悟りを得られないのだと、感情的になって怒っているのでもありません。あなたたちを大切に思っているからこそ、禅の悟りというものを得てほしいと慈悲《じひ》の心をもって厳しくしているのです」

といったような意味のことを話したというのです。

ですから弟子たちは師匠に不満を持つどころか、涙を流しながら師匠の厳しい言葉や振る舞いを受け入れていたというのです。

この話は、「感情的になって怒る」のと、「愛情をもって叱る」とは、まったく異なった影響を相手に与えることを、教えてくれているように思います。

「感情的になって怒る」から、相手はやる気をなくすのです。

「愛情をもって叱る」から、相手はその愛情に応えようと、やる気を出すのです。

▼感情的になって怒るのと、愛情をこめて怒るのは、まったく異なる

仏教には「愛語《あいご》」「愛心《あいしん》」という言葉があります。

「愛語」とは、「厳しい言葉であっても、その裏にあたたかい愛情、期待感のこもった言葉」のことを言います。

「愛心」とは、「厳しい振る舞いであっても、その裏には、やはりあたたかい愛情、期待感のこもっている心」のことを言うのです。

叱り方の上手な上司には、必ずこの「愛語」「愛心」があるのです。

一方で、叱り方のヘタな上司の言動には「愛」がないのです。

ただその場その時の感情でもって、怒鳴っているにすぎないのです。

愛を忘れないでほしいと思います。

愛情がある限り、上司と部下の信頼関係が崩れることはありません。

これは上司と部下の関係のみならず、親子関係、先輩後輩の関係、すべての上下関係に共通することです。

⑥ 騒々《そうぞう》しい人に腹が立って、集中力を奪われる時の対処法

「声が大きく、騒々しい人」「細かいことに、口出ししてくる人」「おしゃべりで、しょっちゅう話しかけてくる人」といった相手にイライラして、思わず「黙っていてくれ」と怒ったという経験を持つ人も少なくないようです。

とくに、集中して何かやっている時に、横からそのようなチョッカイを出されると、思わずカッときてしまうのでしょう。

しかし、そこで怒鳴ったら、口ゲンカになってしまいます。

それこそ「集中して何かやる」どころではなくなってしまいます。

▼「騒々しい人」には、「怒る」よりも「無視する」ことが効果的

ここで、仏教の言葉を一つ紹介します。

「心頭《しんとう》を滅却《めっきゃく》すれば、火おのずから涼し」

これは戦国時代の禅僧、快川紹喜《かいせんじょうき》が残した言葉です。

「精神統一すれば、火など熱くはない。涼しいくらいだ」という意味です。

快川紹喜は武田信玄と親交のある禅僧で、信玄の招きで甲斐《かい》の国、今の山梨県の寺の住職となりました。

さて信玄の死後、武田家は織田信長に攻め滅ぼされることになります。

その際、信長に敵対した武将を、紹喜は自分の寺にかくまったのです。

その罪により、快川紹喜は、信長によって火あぶりの刑に処せられることになりました。「心頭を滅却すれば」の言葉は、刑に処せられた時に残された言葉だと言われています。

この快川紹喜の言葉をもじれば、こうも言えるのではないでしょうか。

「心頭を滅却すれば、騒々しい人の声も、また静かなり」と。

気にするから、気にかかるのです。

うるさいと思う人の声を、「うるさいと思う心」があるから、腹立たしくなってくるのです。

「うるさいと思う心」を「滅却」、すなわちなくしてしまえばいいのです。

何を言われても、平然と聞き流せばいいのです。

相手も「この人には、いくら話しても何の反応もない。聞いていないのだ」ということに気づけば、それ以上話しかけてくることもなくなるのではないでしょうか。

これは「うるさい」と怒ることよりも、ずっと賢い方法のように思われます。

「火の熱さを涼し」と感じるのは、よほど修行をこなした高僧でしかできないことかもしれませんが、「騒々しい声が静かに感じる」と思うことくらいは、凡人にでもできそうです。

3章のまとめ

「心が狭い」人は、よく怒ります。

「広い心を持ちなさい」と、仏教は教えます。

心の広い人は、ささいなことでは怒らないのです。

ゆったりと、安らかな心で、悠々と生きていけます。


「広い心を持つ」コツを述べておきます。

まずは、仏教の「諦《たい》」という教えを学ぶことです。

これは「人間の力では、どうすることもできないことだと理解して、あきらめる」という意味です。

交通渋滞に巻きこまれた時も、アクシデントで電車の運行がストップした時も、自分では「どうすることもできない」のですから、怒っても仕方がありません。

仏教で言う「諦」の心境になるしかありません。

もう一つには、瞑想と呼吸法です。

ブッダも仏典の中で、「瞑想を習慣にすること」「深呼吸すること」の大切さを、繰り返し述べています。

瞑想と深呼吸は、言ってみれば「心のメンテナンス」なのです。

瞑想で怒りの感情から遠ざかり、気持ちを落ち着かせることができます。

瞑想と呼吸法には、坐禅の他に「立禅」という方法もあります。これは、立ってする禅のことです。立ちながら、半ば目を閉じ、呼吸を整え、瞑想にふけるのです。

また、仏教の「愛語《あいご》」「愛心《あいしん》」という教えも学ぶといいでしょう。

「愛語」とは、「あたたかい愛情、期待感のこもった言葉」のことを言います。

「愛心」とは、あたたかい愛情、期待感のこもっている心」のことを言うのです。

「愛語」「愛心」をもって人とつきあっていくことで、人間関係で怒ることはなくなるでしょう。

そして、お互いに穏やかな関係を保つことができます。

第4章

「求めない心」で、怒りを寄せつけない

①「誰々のせいで、自分は不幸なのだ」と思えてきた時は、こう考える

何か、不幸な出来事に出合った時、また、自分が望むような結果が得られなかった時、得てして人というのは、「誰々が悪かったから、こんなことになった」と、その責任を他人に押しつけようとします。

たとえば、職場で、思うように実績を伸ばせないビジネスマンは、「仕事のできない上司の下で働かされて不幸だ。違う上司のもとへ行けば、自分はもっと能力を発揮できるだろう」と、上司へ怒りの気持ちを向けるでしょう。

一流大学に入れなかった学生は、「親の教育の仕方が悪かったから、自分は一流大学の受験に失敗した」と言って、親に怒り、親を恨みます。

結婚生活に満足できない人は、「あんな男（女）と結婚してしまったから、こんな

ハメになった」と、パートナーに腹を立てます。

そのようにして身近にいる人を疫病神、貧乏神にして、その人を遠ざけ、あるいは自分から遠ざかろうとします。


しかし、実際には、自分の不幸が「誰かのせい」である場合は少ないのです。

と言うのも、上司に腹を立てて、たとえ他部署へ異動したり、あるいは転職したとしても、その人はまた同じ失敗を繰り返すケースが多いのです。

どのような上司のもとへ行っても、やはり望むような実績を残すことはできません。

親を恨む学生も、パートナーの悪口を言う人も、同じことです。

たとえ、家を出て、親のもとを離れて、一流大学へ再度チャレンジしたとしても、合格することはできないでしょう。

たとえ、パートナーと離婚して、また別の相手と再婚したとしても、ふたたび相手への欲求不満をつのらせるようになるのです。

つまり「誰かのせい」なのではなく、「自分自身のせい」でそのような不幸な経験を繰り返しているにすぎないのです。

自分自身の考え方、生き方を改めない限り、望むような幸せはけっして得られないでしょう。

▼不幸は「誰のせい」でもない。「自分のせい」だと自覚する

仏教には、「貧乏神と福の神とは姉妹だ。いつも一緒に行動している」という考え方があります。こんなエピソードがあります。

wある家に、女性の姿をした、福の神がやってきました。家の主人は大喜びで、「さあ、どうぞ家に入ってください」と、家の中へ招き入れました。

すると、彼女の後ろに、もう一人女性がいたのです。彼女は、見るからにうす汚い姿をしていました。この女性は貧乏神だったのです。

家の主人は驚いて「おまえは家の中へ入るな」と、追い出しました。

すると貧乏神は、「愚か者め、私と福の神は姉妹なのだ。いつも一緒に行動しているのだ」と言って、消えていなくなりました。

家の主人が気づくと、貧乏神が言っていた通り、家の中からは福の神も消えていなくなっていました。

▼貧乏神と福の神は、いつも一緒に行動している。差別するのはやめる

この仏教説話にあるのは、

「あの人は自分にとって利益になる。だが、この人は、つきあっていて何の利益にもならない、といったように、人を損得勘定で差別して考えてはいけない」

という教えです。

ましてや、「この人は貧乏神だ。この人とつきあっているから、自分は幸福になれない」などと、自分のふがいなさを「他人のせい」にして怒ってはいけない、という教えも、この説話にはあるのです。

②「ちっとも見返りがない」と頭にきた時の、ものの考え方

「あの人のために、利益を与えてやった。人を紹介してやった。仕事を手伝ってやった。アドバイスもしてやった。なのに、ちっとも見返りがない。なんて恩知らずの人間なのだろう」

と、怒っている人がいます。

ある若い女性は、こんな経験があるそうです。

同僚がある日、山のような仕事を抱えて四苦八苦していました。

夜遅くまで残業しなければ、とても片づけられそうもありません。

そこで親切心から、同僚の仕事を手伝ってあげたのです。

その甲斐もあって、同僚はそれほど遅くまで残業せずに済みました。

彼女は、当然同僚は、自分に感謝してくれるだろうと思っていました。

しかし、同僚からは「ありがとう」の、ひとこともなかったというのです。

しかも「手伝ってくれるのは当然だ」という顔をしていたというのです。

さて後日、今度は彼女自身が、山のような仕事を抱えこんでしまいました。

そこで先日の同僚へ、「とても一人では仕事を終えられそうもないから、手伝ってほしい」と頼んだそうです。

この前は自分が手伝ってあげたのだから、今度は同僚が手伝ってくれるのは当たり前だという考えが、彼女にはありました。

しかし、同僚は、「今日は疲れたから、早く帰る」と言い残して、まったく彼女の仕事を手伝うこともなく、さっさと帰宅してしまった、というのです。

彼女は、「信じられない。まったく恩知らずだ」と、カンカンになって怒ったのです。

彼女のカチンとくる気持ちはわかります。しかし、怒ってどうなるのでしょうか。

彼女自身の心がかき乱され、その後イヤな気持ちですごさなくてはならなくなるだけではないでしょうか。

そうならば「怒らない」ほうが、ずっと賢い選択であると思われます。

▼見返りがないことに怒っても、しょうがない。自分の気持ちが乱れるだけ

昔、達磨《だるま》大師という禅僧がいました。

この達磨大師には、このようなエピソードが残されています。


達磨大師はインドに生まれましたが、後に仏教の禅の教えの普及のために中国へ渡りました。さて、達磨大師が中国へやって来たばかりの時です。

「インドから高名な禅僧がやって来た」という話を聞いて、当時の中国の皇帝がさっそく達磨大師に会いにいきました。

皇帝は達磨大師に、このように言いました。

「私は深く仏教を信仰しています。仏教の発展のために、たくさんの寺院を建立しました。僧侶たちにも、たくさんのお布施を差しあげました。これだけのことをしたの

ですから、大きな利益を得られることと思います。どうでしょうか」

それに対して達磨大師は、次のように答えました。

「善行の見返りなどというものはないのです。と言うよりも、見返りを期待して善行をしてはいけません。何の利益もないことを、しっかり自覚した上で善行をしなければなりません。そうでないと、もし十分な見返りが得られなかった時には、怒りや恨みの気持ちが生まれてしまいます」と。

▼見返りを期待する善行は、真の善行ではない。ただ尽くすことに満足する

何も求めず、「善いことをした」、その満足感にひたっていればそれでいいと思います。

そうすれば怒ることなんてないのですから。

③「親しい人」への怒りを抑えられなくなる、という人のために

人間関係は不思議なものです。

「あの人たちほど仲のいい夫婦はいない」と言われていた夫婦が、ささいな出来事をきっかけに、大ゲンカをして離婚してしまうことがあります。

「あの人ほど、ウマのあう人がいない。私たちは親友だ」と信じていた相手に、ちょっとしたことが原因で強い怒りを感じるようになり、「もう二度と会いたくない」と心に決めてしまうこともあります。

子どもが幼かった頃は、人がうらやむほどうまくいっていた親子だったのに、その子どもが成人してからは、お互いに何の連絡も取らない関係となることもあるのです。

「かわいさ余って憎さ百倍」という言葉がありますが、じつは親しい間柄の相手ほど、ちょっとした小さなことで人間関係がこじれてしまうケースが多いのです。

ある若い女性は、こんなことで腹を立てていました。

親友に携帯メールを送信したのですが、三時間たっても返信がこない、というのです。「三時間たっても、私のメールに返信を寄越さないのは、私のことを大切に思っていない証しです。私は、これからもずっと親友としてつきあっていきたいと思っていたのに、そんな私の気持ちを踏みにじるなんて許せません。裏切られたような怒りを感じます」と言うのです。

これが親しい関係だからこそ感じる「怒り」なのだと言っていいでしょう。

もし、これがそれほど親しくない相手であれば、三時間どころか、丸一日たって返信がこなくても、それほど気にせずにいられるでしょう。

しかし、親しい相手になると、たった三時間でも「裏切られたような怒りを感じます」となってしまうのです。

しかも親しい相手になると、「返信を寄越せないほど忙しいのだろう」「会議が長引いて、返信を寄越せないのかもしれない」といった想像力も働かなくなりがちです。

相手の都合よりも、自分のイライラする気持ちのほうが先だってしまうのです。

▼親しい相手ほど、ちょっとしたことで「怒り」を感じやすくなる

「君子の交わりは淡《あわ》きこと水の如し」

これは古代中国の思想家、荘子の残した言葉です。

「賢い人は、人とベタベタしたつきあい方をしないものです。どんなに仲のいい相手だろうと、いい距離感を保ちながら、水のように淡いつきあい方をするものです」というのが、言葉の意味です。

「水のように淡いつきあい方」というのは、やや抽象的な言い方でわかりにくいかもしれませんが、具体的に言えば「親しいのだから、こうあらねばならない」という考え方を捨てる、ということではないかと思います。

▼親しい相手だからこそ「いい距離感」を保って、つきあっていく

ベタベタの関係になると、つい人は、次のような考え方にとらわれがちなのです。

「我が子なのだから、親の言うことには何でも従って当然だ」

「親友なのだから、すぐにメールの返信をくれるべきだ」

「私の妻（夫）なのだから、上手に料理ができなければいけない」

こういった「当然だ」「べきだ」「でなければならない」という考え方があるから、相手の事情を考慮する気持ちのゆとりがなくなるのです。

一方、相手にとっては、これは強制や押しつけと思われます。

そして、反発します。反発されれば、こちらも腹立たしい気持ちになってきます。

これはお互いにとって、不幸なことでしょう。

だからこそ「水の交わり」のように、サラッとした、ベタベタではない、いい距離感を保って人とつきあっていくべきなのでしょう。

そうすれば怒りがないつき合いになるでしょう。

④ 優柔不断な上司や夫に腹が立った時の、こんな対処法

「物事を決断できない」「迷ってばかりいる」「自分を引っ張っていってくれない」「はっきりと自分の意志を言わない」といった性格の人には、一緒にいてイライラさせられるものです。

そんな相手が、たとえば仕事の上司や夫であるなら、なおさらそうではないでしょうか。

「リーダーシップがない人」と、腹も立ってきます。

しかし、決断力がない相手に、「はっきりしてよ」と腹を立てれば立てるほど、相手はますます物事を決められなくなって、「どうしたらいいんだろう」と迷ってしまうのが、このタイプの人の特徴でもあるようです。

ですから、そのことで「怒る」のは、かえって逆効果にもなりかねません。

▼決断力のない人に対して怒ると、いっそう相手はものを決められなくなる

仏教の修行に「同事業《どうじぎょう》」というものがあります。

これが「決断力のない人」との上手なつきあい方のヒントになりそうですから、ここで紹介しておきましょう。

「同事業」とは、「困っている人と、自分も同じ体験をして、一緒になって物事の解決をはかっていく」ということです。

マラソンの指導方法に「同走」というものがあると言いますが、それと似ています。調子を落とした選手に、「腕の振り方はこうして、こういう足の運び方をしなさい」と口で教えるのではなく、コーチが選手と並んで一緒に走ってあげるのです。

一緒に走りながら、「腕の振り方は、今、私がしているようにしなさい。足の運び方も、私のやり方をまねて、こうしなさい」と教えてあげるのです。

「口で教える」のではなく、「自分でやって見せる」のです。

そのほうが、ずっと効果があると言います。

仏教の「同事業」という修行法も同じです。

困っている人と同じ境遇に立ち、同じ苦しみを味わい、その問題を解決する方法を一緒になって考えていくのです。

その方が、口で「ああしなさい。こうしなさい」と言うよりも、ずっと相手のためになり、救いにつながるのです。

貧しい人を救うのには、自分も貧しい体験をして、その苦しみから抜け出す方法を一緒になって考えるのです。

それが「同事業」です。

▼決断する責任を相手に押しつけない。一緒に物事を決めていく

「決断力のない人」に対しても、単に「上司なんだから、はっきりしてください」

「夫なんだから、男らしいシーダーシップを持ってよ」と怒っているだけでは、相手の性格は直りません。

その相手と「同事業」してみたらどうか、と思います。

上司や夫と、自分も同じ立場に立って、「確かに、これは判断に困る問題ですよねえ。ぼく自身、迷ってしまいます」と一緒になって悩み、「ここは、こうするほうがいいんじゃないかしら」と一緒になって解決策を考えていくのです。

そうすることで、相手の決断を導き出すのです。

その結果、相手との信頼関係もはぐくまれていくでしょう。

「ものを決断するのは、あなたの役割です」と、一方的に責任を相手に押しつけてしまうのは、一番愚かな方法です。

怒らずに、力を合わせて、ものを考え、そして行動していくのがいいでしょう。

⑤ せめて食事をしている時は、「怒る」のをやめる

食事をしながら、テレビニュースを見て、「まったく今の政治は、どうなっているんだ」と怒っている人がいます。

仕事が終わった後、職場の同僚たちと慰労会をやっている最中に、「うちの課長には頭にくる」と怒っている人もいます。

コーヒーを飲みながら、「あいつにはイライラさせられることばかりだ」と、怒った顔で文句を言っている人もいます。

食事も、慰労会も、コーヒーブレイクも、疲れた心身を癒し、リフレッシュして楽しむための時間であるはずです。

せめてその時間くらい「怒る」のをやめるほうがいいのではないでしょうか。

そんな時まで怒っていると、心身が休まる時間がなくなって、いっそう疲労感がつのります。

イライラ、ムカムカする気持ちが、さらに二倍にも三倍にも大きくなっていくだけでしょう。

▼「くつろぐ時」には、くつろぐ。「楽しむ時」には、思いっきり楽しむ

禅の言葉に「逢茶喫茶《ほうさきっさ》、逢飯喫飯《ほうはんきっはん》」というものがあります。

「お茶を飲む時には、お茶を飲むことだけに精神を集中しなさい。食事する時には、食事することだけに精神を集中しなさい。他のことを考えてはいけません」という教えです。

それが禅の考え方だというのです。

この教えは、一般の人たちにも参考にできるものだと思います。

くつろぐ時には、くつろぐことだけに集中するのです。

その間は、心に怒りの感情が湧き立つようなことを思い出さないようにしましょう。

楽しむ時には、楽しむことに熱中します。

その間は、頭にくるような人の顔を思い浮かべないようにしましょう。

そうすることで日頃のストレスも解消されます。イライラするようなことがたくさんある毎日であっても、職場の上司がムカムカするような人であっても、落ちついた気持ちでがんばっていくことができるのです。

ブッダは、「安らぎに満ちた心でいなさい。それは自分自身のためですが、また、周りにいる人たちのためでもあるのです」と教えています。

食事や慰労会の席で、頭にくるような話をしたら、周りにいる人たちまで怒りの感情にとらわれていくでしょう。それは人にも迷惑なことなのです。

自分のためにも、他人のためにも禅語の「逢茶喫茶、逢飯喫飯」を心がけましょう。

4章のまとめ

周囲の人に、あまりに多くのことを期待するのは、大きな怒りに心を支配される原因になります。

相手は、こちらの期待している通りのことをしてくれるとはかぎらないのです。

たとえば、「私はこれだけいいことをしてあげたのに、あの人は私のために何もしてくれない」と怒っている人がいます。

仏教では、「いいことをするのに、見返りを求めてはいけない」と教えています。

見返りを求めれば、その期待を裏切られ、怒りの感情がわき出してくるからです。

仏教は、「見返りを求めず、ただ相手のためだけを思って、いいことをするべきだ」と教えています。

そうすれば、気持ちのいい満足感だけが残り、怒りの感情は生まれないのです。

職場では、「上司に決断力がないから、上司がダメ上司だから、部下である自分たちもいい仕事ができない」と怒っている人がいます。

その人も、上司に対して「期待しすぎている」のです。

仏教の修行に「同事業」というものがあります。

「同事業」とは、「困っている人と、自分も同じ体験をして、一緒になって物事の解決をはかっていく」ということです。

上司と部下という関係であっても、「同事業」で仕事を進めていく心構えを持つといいでしょう。

決断することを、一方的に上司に押しつけるのではなく、部下も上司と一緒になって物事を検討し、仕事の進め方を決めていくのです。

そういう、いい協力関係があるからこそ、強い信頼関係が生まれて、お互いにいい仕事ができます。


自分がうまくいかないことを「他人のせい」にして怒ってはいけません。

そのような人は「他人に期待しすぎている証しだ」、また、「自分に力のない証しだ」と仏教は教えています。

第5章

「慈愛」を抱いて、おだやかな心を作る

①「濡《ぬ》れ衣」を着せられて腹が立つ時の、もっともよい対処法

自分がやってもいないことで、「おまえがやったんだろう」と一方的に責任を押しつけられて、非難されることほど、腹立たしい出来事はないのではないでしょうか。

ある女性は、職場でこんな経験をしたそうです。

突然上司から呼び出されて、「取引先へ提出した書類に、大切な資料が入っていなかった。書類を作成したのは、君だったね。どうしてこんなつまらないミスをするんだ」と、強い口調で叱られました。

しかし彼女は、そのようなミスをしたおぼえがありません。書類を作成したのは彼女なのですが、確かにその資料を同封した記憶があるのです。

なのに「君のミスだ。君が悪い」と一方的に責められるので、彼女もついカッときて言い返してしまったそうです。結局、上司は彼女への疑いをますます強めていき、職場のみんなが見ている前で、すごい口論となってしまったそうです。

身におぼえのない濡れ衣を着せられれば、怒って当然です。しかし、自分が怒れば怒るほど、相手の疑いが強まっていくことも、よくあることです。

▼濡れ衣を着せられたら、誰でも怒る。しかし怒れば、相手の疑いが強まる

ここで仏教の話を紹介しましょう。

昔、至道無難《しどうぶなん》という、禅の僧侶がいました。

至道無難が、ある商家を訪ねて、そこの主人と話をしていた時のことです。そこへ別の商家の使いの者がやって来ました。使いの者は、お金の入った袋を差し出しました。主人は、それを膝元に置いておきました。

そして、使いの者が帰っていくと、また、至道無難と話をし始めました。

さて至道無難が帰っていった後、主人は先ほど使いの者から受け取ったお金をしまっておこうと思いつきました。しかし、どこを探してもないのです。

「さては、至道無難が持ち帰ってしまったのではないか」と考えた主人は、急いで至

道無難の寺へ行って、お金のなくなった経緯について話しました。

するとと至道無難は平然とした顔で「そうですか」と答え、使いの者が置いていったという同じ金額を主人に渡しました。


それが後日、使いの者が置いていったお金が、座敷の隅から出てきたのです。

主人自身がお金を隅に置いておいたのを、すっかり忘れていたのです。にもかかわらず、至道無難に罪を押しつけてしまったのです。

主人は急いで至道無難のところへ行き、深くわびて、至道無難から受け取ったお金を返しました。主人は、至道無難は怒るだろうと予想していたのですが、その際も至道無難は怒ることなく、平然とした顔で「そうですか」と言って、お金を受け取ったのです。

主人は、「他人から濡れ衣を着せられるような疑いをかけられて、ちっとも怒らずにいられるとは、さすがに至道無難という人は心の広い人だ」と、とても感心したという話です。

▼「心の広い」人は、あらぬ疑いをかけられても、けっして怒ることはない

冒頭の女性の話に戻りましょう。

彼女の場合も、後に、「じつは文書を郵送する際、上司自身が最終チェックのためにその資料を抜き出していた。そして、抜き出していたのを忘れ、そのまま郵送してしまった」という事実が判明したのだそうです。

彼女の疑いは晴れました。しかし上司との人間関係は、その事件をきっかけに崩れてしまい、今でもギクシャクしているそうです。

怒ると、無実が判明しても、このような結果になりかねません。

いつか疑いは晴れることになるのです。ですから至道無難のように、疑いをかけられても怒らず、平然としていましょう。

そうすれば相手との人間関係が崩れずに済みます。それどころか相手の尊敬を得られます。

②ライバルに「勝った、負けた」で感情をかき乱された時の考え方

「人生は闘いではない。勝つ、負ける、という意識は捨てなさい」と言うのが、仏教の基本的な教えです。

しかし、現実には、人生の様々な場面に「闘い」があります。

職場では、ライバルとの出世競争。

競合他社との、闘い。

学生は、受験競争。

年頃の独身女性たちには、「どちらが、いい人をつかまえるか」「誰が早く幸せな結婚をできるか」という、同性との闘い。

今の時代に生きている限り、人との「闘い」から完全に逃れて生きていくのは不可能であると思われます。

闘いに、いつも勝利をおさめることができればいいのです。

しかし、「勝敗は時の運」とも言います。

手痛い敗北をしてしまうこともあるでしょう。

問題は、その時です。

悔しい心境から、ライバルへの怒りや恨み、嫉妬心という感情が生まれ、そのために激しく心をかき乱されることがあります。

イライラした気分を押さえられなくなり、ちょっとしたことでカンシャクを起こしてしまうこともあります。それが原因で、周りの人たちとの人間関係がギクシャクし、仕事や勉強への集中力も失うこともあるでしょう。

それは自分自身にとって「いいこと」ではないと思います。

人生において「闘い」は避けられないにしても、「負けた時の怒りの感情」から心をかき乱されないで済む方法はないのでしょうか。

▼「闘い」は避けられない。しかし「負けた時の怒り」は避けられる

仏教には、こんな話がありますから、紹介しておきましょう。

昔、夢窓疎石《むそうそせき》という禅僧がいました。

夢窓疎石のもとへ、ある武将がやってきて、このように問いかけました。

「私は武将ですから、闘いに明け暮れて生きています。しかし、仏教への思いが深い私は、時々、迷ってしまうのです。というのも仏教は、人と争ってはいけないと教えています。私は、仏教の教えを破っているのです。私は、どうすればいいのでしょうか」と。

この問いに、夢窓疎石は次のような意味の話をしました。

「人と闘うのは、武将であるあなたの務めです。闘いを避けることはできないでしょう。そうならば人と闘うこと、人と争うことは、いいことか悪いことなのか考えることなどやめなさい。善悪の判断などせずに、自分に与えられた使命を一生懸命こなし

ていくしかないではありませんか」と。

つまり、「無の境地」になれ、と教えたのです。

いかにして「無の境地」になるかも、仏教の一つの修行なのです。

▼「勝った、負けた」で一喜一憂するのではなく、「無の境地」になりきる

先の仏教のエピソードは、現代に生きる人たちにも参考になるのではないでしょうか。

勝って喜んだり、負けて悔しがったりせずに、「無の境地」となって、自分のしなければならないことを、たんたんと進めていけばいいのです。

そうすれば、競争相手への「怒り」の感情に自分自身が振り回されることはないでしょう。

③「愚かな者」たちに腹が立って仕方がない時の対処法

仏教には「慈悲《じひ》」という考え方があります。

仏（悟った人）は、その相手が「失敗をした」「悪い行いをした」「約束を破った」「ルール違反をした」からといって、けっして怒りはしません。

むしろ仏は、そのようなダメな人、ドジな人、愚かな人にこそ、よりいっそう温かい気持ちをもって接するのです。それが「慈悲」です。

しかし、そう言うと、「それは人を甘やかすことになりませんか。甘やかせば、相手は図に乗って、ますます失敗を繰り返すことになるでしょう。厳しく叱ってやらなければ、相手は本心から反省はしないのです」と反論してくる人もいるでしょう。

仏教の慈悲とは、いわゆる「甘やかす」こととは、まったく意味が異なるのです。

また、「厳しく怒れば、相手は本心から反省する」という考え方も、間違っているのではないかと思います。

厳しく叱れば、相手は「すみませんでした」と反省する態度は見せるでしょう。しかし、それは「本心から」ではないと思います。

怖いから口ごたえができないだけのことです。いわば「反省している素振り」を見せているだけなのです。

ですから結局、また「同じ失敗を繰り返す」結果となりがちです。

▼怒っても、相手は「反省するフリをする」だけ

日本の言い伝えの中に、「エンマ様」があります。

人は死ぬと、エンマ様のもとへ連れていかれます。

エンマ様には、その人が生前行ってきたことが一つ一つ書かれた書状が届けられています。

エンマ様は、その人の前で「おまえは、こんな悪いことをした」「あなたは、このような良い行いをした」と、書状に書かれていることを読みあげます。

そして、悪い行いをした人を地獄へ落とし、良い行いをした人を極楽へ送ってあげるのです。

ここで大切なのは、エンマ様が、「その人の行ってきたことを、その人の前で読みあげる」ということです。

たとえば、エンマ様は怒って、悪い行いをしてきた人に、そのようなことをするのではありません。

その人自身が、「自分はどのような行いをしてきたのか」を自覚させるのです。

悪い行いをしてきた人は、じつは自分が、どのようなことをしたのかについて自覚がありません。

自分が悪いことをしたのに気づいていない場合が多いのです。

▼自分の行いへの自覚がない限り、その人は本心から反省しない

「そうか。自分はこんなに悪いことをしていたのか」と気づいてこそ、初めてその人

は反省します。

そして、「もう二度と、同じ過ちをしないようにしよう」と、心から思います。

そのような「自覚」を促すのが、仏教で言う「慈悲」なのです。

しかし、感情的に怒るのでは、その人に生まれるのは「恐怖」であって、「自覚」ではないのです。

「反省する」とは、怒っている相手に「すみません」と頭を下げることではありません。「自分は悪いことをした」と自覚し、「同じ過ちを繰り返さない」と、自分に誓うことなのです。

④「あの人との結婚は失敗だった」と腹が立ってきた時の、もののの考え方

半年前に結婚した女性がいます。

しかし、彼女は今、結婚したことを後悔しています。

「生活習慣がまったく異なり、価値観も合わない人と一緒にいると、腹が立ってくる。あんな人と結婚なんてしなければよかった」

と言うのです。

しかし、「ちょっと待ってほしい」と言いたくなる話でもあります。

お互いに、まったく別の親から生まれ、まったく違う家でこれまで育ってきたのです。「生活習慣が異なる」「価値観が合わない」のは、いわば当たり前の話です。

だからこそ、お互いによく話しあい、協力しあっていくことで、夫婦のキズナは深

まっていくものではないでしょうか。

また、「生活習慣が異なる」「価値観があわない」ことの責任を、一方的に相手に押しつける考え方には、ちょっと賛成しかねるのです。

夫にとっても、そのことを「腹立たしく」感じているのに違いないのです。

精神医学では、自分のことは横に置いておいて、他人ばかりを非難しようとする、このような性格を「他罰傾向《たばつけいこう》」と呼ぶそうです。

また、「他罰傾向」が強い人間ほど「自己愛」、つまり、「自分を愛する気持ち」が強いのです。ですから、「自分を愛する気持ち」を少し弱めれば、相手を尊重し、相手を大切に思う気持ちも育っていくのです。

▼自分が相手に腹を立てているのと同様に、相手も自分に怒っている

ところで仏教では、先ほどの精神医学とは、ちょっと違った考え方を取ります。

「自己愛」と「他者愛」を別個のものと考えるのが精神医学ですが、「自己愛」と

「他者愛」とは、じつは同じものだと考えるのが、仏教なのです。

こんな話があります。


昔、インドのある国に、とても仲のいい王様夫婦がいました。

ある時、王様は妻に尋ねました。

「おまえは自分自身よりも愛おしいと感じる相手がいるか」

王様とすれば、妻に「私は自分自身よりも、王様のことを愛おしいと思っています」と答えてほしかったのです。

しかし、妻は王様の期待を裏切って、「私は、自分自身よりも愛しいと思う相手はいません」と答えました。

王様はガッカリしてしまい、そのことをブッダに相談しました。

するとブッダは、こう答えました。

「それでいいのです。人は、自分自身を愛おしく思っているからこそ、それと同じくらい相手のことを愛おしく思うことができるのです」と。

▼自分を愛する同じ力で、相手を愛するようにする

ブッダの言葉を参考にしながら、最初の女性の例に話を戻しましょう。

相手に対して「生活習慣が異なる」「価値観が合わない」と腹立たしくなってくるのは、それだけ彼女が自分自身の生活習慣や価値観を大切に思っているからでしょう。

そうならば、相手の生活習慣や価値観も、あなた自身の生活習慣や価値観と同じように、尊重してあげればいいのです。

お互いに「異なること」を認め合いながら、相手の習慣や価値観を尊重していく、というが仏教の考え方なのです。

相手を尊重するために、自分の「自己愛」を弱めるという精神医学の考え方もあるのでしょう。しかし、それでは、自分が犠牲となったようで、新たな欲求不満がたまっていく危険性もあるのではないでしょうか。ここでは精神医学よりもブッダの考え方を取るほうが、夫婦関係はうまくいくようにも思います。

⑤「怒りっぽい性格をどうにかしたい」という人のために

「生まれながらに怒りっぽい性格だ」という人もいるかもしれません。

「そんな自分の性格をどうにかしたい。小さなことでついカッとなってしまって、これまでに何度も失敗してきた」という人もいるでしょう。

そんなタイプの人に参考になる仏教の話がありますから、紹介しておきます。


昔、瑩山《けいざん》という禅宗の僧侶がいました。

この瑩山禅師は、母親が三十七歳の時に生まれた子供だったと言います。

今の時代は三十代で子供を産む女性も少なくありませんが、当時は十四、五歳が女性の結婚適齢期だった時代です。

ですから、十代から二十代前半には出産の経験をする女性がほとんどでした。

その当時、三十七歳で子供を産むというのは、かなり珍しい例と言えるでしょう。

じつは瑩山の母親は、その年齢になるまで子供ができなかったと言います。「子供をほしい」という気持ちは強かったのですが、なかなか子宝に恵まれませんでした。それが三十七歳の年齢になって、ひょいと子供ができたのです。

彼女は、「これは観音様の授けてくれた子供に違いない」と大喜びしました。

そして、瑩山が成長してからは、「おまえは観音様の申し子なのだから、観音様のようにいつもおだやかでいなければいけませんよ」と言って聞かせていたそうです。

瑩山はその後、出家をして禅僧となります。

ある日、寺で、座禅をサボって昼寝をしている仲間を見つけました。

「みんなが修行に励んでいる時、何をやっているのだ」と、瑩山は思わずカッときて、その仲間を叩こうとしましたが、その時、幼い頃に母からよく言い聞かされていた「観音様のようにいつもおだやかでいなければいけない」という言葉を思い出したのです。

瑩山は、感情的になってしまった自分を、深く反省したと言います。

▼怒りたくなったら、母親を思い出す。母親の記憶が、心をおだやかにする

「自分の怒りっぽい性格をどうにか変えたい」という時は、ついカッと感情がたかぶった時に「お母さんの顔を思い出す」のを習慣にしてみたらどうかと思います。

母親の記憶が、怒りの感情を静めてくれるのです。

自分を、おだやかな人間に変えてくれるのです。

母親のことを思い浮かべながら、カンカンになって他人に怒ることのできる人などいないと思います。

５章のまとめ

人生は、ある意味、闘いです。職場では、ライバルとの出世競争があります。競合他社との闘いもあるでしょう。学生には受験競争があります。

しかし、「人生は闘いだ、という考えは捨てなさい」と教えるのが、仏教です。

相手に負けた時、激しい怒りの感情に支配されることになります。また相手に勝ったとしても、相手から嫉妬《しっと》や怒りの感情を向けられて、嫌な思いをしなければならなくなります。

「無の境地になる」というのが、仏教の教えです。

「負けて悔しがったり、勝っていい気になったりせずに、無の境地となって、自分のしなければならないことを、たんたんと進めていけばいい」というのです。

そうすれば、競争相手への「怒り」の感情に自分自身が振り回されることはないでしょう。

相手から「迷惑をかけられた」「約束を破られた」「ルール違反をされた」時にも、

人は強い怒りの感情にとらわれてしまいます。

しかし、そのような時であっても「怒ってはいけない」というのが仏教の教えです。


仏教には「慈悲《じひ》」という考え方があります。

迷惑な人、ダメな人、ドジな人、愚かな人にこそ、よりいっそう温かい気持ちをもって接するのです。それが「慈悲」です。

慈悲は、「相手を甘やかす」ことではありません。

厳しく怒れば、相手は「すみませんでした」と反省する態度は見せるでしょう。

しかし、それは「本心から」ではないと思います。

いわば「反省している素振り」を見せているだけなのです。

「そうか。自分はこんなに悪いことをしていたのか」と気づいてこそ、初めてその人は反省します。

「もう二度と、同じ過ちをしないようにしよう」と、心から思います。

そのような「自覚」を促すのが、仏教で言う「慈悲」なのです。

第6章

「大らかな気持ち」で、怒りを避ける

① 自分の劣等感に腹が立ってきた時の、ものの考え方

劣等感というのは、ある意味で、「欠如《けつじょ》」と言えます。

「才能がない」という劣等感。

「学歴がない」という劣等感。

「美人ではない」という劣等感。

「社会的な地位がない」という劣等感。

いずれにしても、他人にはあるのに、自分には「ない」ことに気づき、そのことで「自分は劣っている。自分はダメ人間だ」と、自分自身に怒りを感じるのです。

しかし、「ない」というのは、必ずしも、悪いことではありません。

怒る必要などないことなのです。

それを教えてくれるのが、仏教です。

▼「才能がない」「美人ではない」ことをネガティブに考えてはいけない

仏教説話に、このようなものがあります。


ある徳の高い禅僧が、山奥で坐禅をしていました。

そこへ禅僧を脅かすために、「頭のない」鬼が出てきました。

しかし、禅僧は、まったくおびえる様子もなく、鬼に向かってにこやかに、「お前は、いいのお。頭がないから、頭痛に苦しむこともなかろう」と、語りかけたのです。

今度は、「腹のない」鬼が出てきて、禅僧をおどかそうとしました。

しかし、やはり禅僧は少しもおびえることなく、「お前は、いいのお。腹がないから、腹痛に苦しむこともなかろう」と、言いました。

この説話が教えているのも、「何かがない、というのは、悪いことなのではない。考え方を変えれば、いい面もあるのだ」ということです。

「才能がない」からこそ、「自分は人一倍、努力しなければならない」という意識が生まれます。

そして、イソップ童話の「ウサギとカメ」に出てくるカメのように、コツコツ努力を積み重ねていくうちに、「早く走る才能に恵まれた」ウサギを追い越して、信じられないような勝利を手にすることもできるのです。

「学歴がない」ことで、ハングリー精神が生まれます。

「大学出に負けてなるものか」と、やる気を燃やして、実際に大学出以上の大活躍をすることもできるのです。

「美人ではない」ということは、言い方をかえれば、「親しみやすい」ということでもあるでしょう。

「美人」には、どことなく近寄りがたい雰囲気があるものですが、かえって「美人ではない人」の方が「すぐに仲良くなれそうだ」という安心感を与えてくれるものです。

同性異性を問わず、友人が多いのは「美人ではない人」の方かもしれません。

「社会的地位がない」ということも、言い方をかえれば、「自由気ままに暮らしていける」ということになるのではないかと思います。

組織のトップに登るにつれて、その責任も重くなっていきます。

しかし、そのような重責がない分、ストレスも少なくてすみ、「安らかな気持ち」でいられるのです。

このように「ない」ということには、いい面もたくさんあるのです。

「自分自身を大切にする気持ち」が、このような逆転の発想を生み出す原動力になります。

②「他人から利用されてばかりいる」自分に怒りを感じる時の、対処法

ある若い男性が、こんなことで怒っていました。

「僕は上司の出世のために利用されているだけだ」というのです。

彼はデパートの仕入れ担当で、いつも大きな利益を生み出すような、ユニークな商品はないかと全国を探しまわっています。そんな努力の甲斐があって、彼が仕入れを決めたある地方の商品が、すごい売り上げを実現することになりました。

彼は「これは自分の手柄だ」と、鼻高々でした。

しかし、直属の上司が、「あの商品の採用は私が決定したのです。私の努力の結果です」と、会社の上層部に言っていると、彼は知りました。

「これは手柄の横取りですよ。いや、自分の手柄を、上司に盗まれたような気分です」と怒っているのです。

とは言いながら、相手は上司です。

自分よりも権限も権力も持っている相手なのですから、面と向かって非難するわけにもいかないのです。

しかし、彼の怒りの感情はおさまりませんでした。

▼上司の「手柄の横取り」に部下は怒る。しかし、怒っても上司にはかなわない

仏教に、「布施《ふせ》」という言葉があります。

「自分の損得を考えずに、人のためになることをしてあげなさい。それが自分自身の幸せにつながります」という意味です。

江戸時代、良寛という僧侶がいました。

この良寛には、次のようなエピソードが残されています。

深夜、良寛が眠っている時、家にドロボウが入ってきました。

しかし、良寛がひどく貧しい生活をしていたので、盗んでいくような物などないのです。ドロボウを可哀想に思った良寛が、寝ているふりをしながら、寝返りを打って、自分の寝ていた布団をドロボウの方へ押しやりました。

せめて、この布団を、ドロボウに与えてやろうと思ったのです。

ドロボウは喜んで、布団を盗んでいきました。

その姿を見て、良寛自身も「いい布施をした」と喜んでいた、というのです。

▼「横取りされた」「盗まれた」と考えず、「いい布施をした」と考える

「布施」というのは、「人のためになることをする行為」の意味です。

仏教では、この布施を熱心に勧めます。

仏教には、「自分の幸せを追い求めるよりも、人の幸せのためになることをすることにより、自分の幸せを得られる」という考えがあるのです。

大切なのは、「人のための行為が、自分のためになる」という考え方です。

「自分の手柄を、上司に横取りされた。盗まれた」と思うのではなく、良寛のように

「いい布施をした」と考えてみたらどうでしょうか。

そうすれば怒りの感情に、自分自身が苦しまずにすみます。

また、布施の心を持てば、「あの社員は、心が広い。人間ができている」と、いい評判が高まって、その後、色々な意味で幸運に恵まれるようにもなるでしょう。

「情けは人のためならず。めぐり巡って、自分のため」という、ことわざもあります。

人の喜ぶ顔に、自分の喜びを感じ取れる人は、幸福です。

人の喜びが、自分に幸運を招く種となるのです。

③「なぜ自分は運が悪いのか」と腹立たしくなった時の、ものの考え方

朝、家を出る前に、テレビやインターネット、新聞などの「今日の占い」をチェックしていく、という人が多いと聞きます。

「今日は最高の運勢」と出ていれば、気分よくその日一日をすごせます。

友人から、「ごめん。この前借りたお金、まだ返せないの。もうちょっと待って」と、言い訳されるようなことがあっても、おだやかな気持ちで「いいのよ。返せる時に、返してくれれば」と許してあげられます。

職場の同僚に、「昨日の見積り書だけど、私のミスで数字を間違っていたらしいのよ。あなたにも迷惑をかける結果になってしまったの」と言われても、やさしい気持ちで「だいじょうぶ。私の方で、どうにかするから」と言ってあげることができるの

です。

しかし、「今日は最低の運勢」と出ている日には、朝からイヤな気分です。

お金を返せない友人にも、ミスをした同僚にも、カンカンになって怒鳴り声をあげてしまう人もいます。

人は「感情の生き物」です。

気分がいい日と、悪い日では、同じ出来事であっても、笑って許せることもあり、カンカンになって怒ってしまうこともあるのです。

▼気分のいい日には、怒らない。気分の悪い日には、怒りっぽくなる

しかし、よく考えてみれば、とてもバカらしいことをしているようにも思えるのです。テレビや新聞の「今日の占い」に、自分自身が振り回されているだけのように思えるのです。

周りの人たちにとっても、「その日の気分」によって、怒ったり笑っていたりと、

その人の態度や振る舞いがコロコロ変わってしまうのですから、一緒にいて疲れてくるに違いありません。

それが原因で、「あの人のような気分屋とは、つきあいきれない」と、みんなから敬遠されるようになるかもしれません。

もし、そうなったら、自分自身にとって不幸なことになるでしょう。


ここで、禅の言葉を一つ紹介しておきます。

「日々是好日《にちにちこれこうじつ》」というものです。

「毎日が、いい日なのだ。今日は運がいい、だとか、運が悪い、ということなどない」というのが、この言葉の意味です。


本当は、世の中に、吉凶などないのです。

言いかえれば、「毎日が、運がいい日」なのです。

そう思うことで、毎日気分よく暮らしていけます。

そうすれば、ささいなことで怒ることもなく、どんなことがあっても、おだやかな笑顔で対処できるようになるのです。

そして、気持ちの浮き沈みがなくなる、安定した心で生きていけます。

▼「日々是好日」と思うことで、毎日笑顔で暮らしていける

安心してつきあえる人は、「心が安定した人」です。
そのような人と一緒にいると、こちらの心も安心感に包まれていきます。
自分の心を安定させるためにも、「日々是好日」と考えてはどうでしょうか。
「今日の占い」は、明日も、あさっても、「日々是好日」なのです。

④周りの人の「努力不足」に腹が立って仕方がない時の、ものの考え方

「自分がこんなにがんばっているのに、周りの人たちは怠けてばかりいる。腹が立つ。みんな、いいかげんな人間ばかりだ」と、怒っている人がいます。

その気持ちは、よくわかります。

たとえば職場で、締め切りに追われてイライラしながら仕事をしている時に、周りの同僚たちに「今日、仕事が終わったら、飲みにいかないか」「飲んだ後にカラオケにいこう」などと能天気な遊びの話をされれば、腹が立って当然です。

「もっと、まじめに働いてくれ。暇なら、こちらの仕事を手伝ってくれたらどうなんだ」と怒鳴りたくなってくるでしょう。

また、ある母親は、毎日、幼い子供の子育てに一生懸命になっています。

それなのに夫は、そんな妻のことをまったく気にかけてくれる様子もありません。「子育ては、すべてキミに任せたから」と言って、夫は自分の趣味や遊びに熱中しているのです。そんな夫に対しても、「私が、こんなに苦労しているのがわからないの」と怒りたくなっても仕方ありません。

しかしながら、そういう場合、「怒る」のは得策ではないように思います。

こちらが怒れば、相手は不快に思います。

そこでお互いに感情的になって、口ゲンカに発展してしまう可能性が大きいでしょう。

そうなると相手は、もっと意地悪になり、もっと非協力になっていくばかりでしょう。自分の苦労を相手に分かちあってもらい、相手の協力を得たいのであれば、「怒る」のではなく、何か他の方法を考えた方がいいのではないでしょうか。

▼「怒るより、もっといい方法がないか」考えることを習慣にする

ここで提案したいのは、「怒るよりも先に、話しあう」ことです。

怒るよりも先に、「仕事の担当の仕方を少し変えてほしい。今のままだと、私にばかりに負担が偏っているように思う」と、上司や夫におだやかに提案し、冷静に話しあって、お互いに納得できる答えを見つけ出すことです。

そのほうが「怒る」ことよりも、ずっと生産的です。

▼信頼関係があれば、お互いの気持ちは通じあう

「こうしてもらいたい」という気持ちを、正直に相手に伝えることを怖れる必要はありません。

仏教には、「以心伝心《いしんでんしん》」という考え方もあります。

「以心伝心」は、今では一般的に使われる熟語になっていますが、その語源は仏教にあります。


ある時、ブッダは、弟子たちから説教を求められました。

「はい、わかりました」とブッダは答えますが、それ以上は何も言い出さなかったの

でした。

手に花を持って、ただニコニコとほほ笑んでいるだけでした。

ブッダは、何も言わないことによって、「私とあなたがた弟子のように、深い信頼関係で結ばれている者同士は、たとえ言葉にしなくても、お互いの気持ちが通じあっているものです。ですから、何も言わなくても、私の教えはあなたがたの心に伝わっていくでしょう」ということを教えたかったのです。

これが「以心伝心」の語源です。

職場の同僚たちや、夫に「こうしてほしい」という気持ちを伝えた時、お互いに信頼関係があれば、相手は「そんなこと知るか」と冷たい態度をしめすことはないでしょう。こちらの「辛い気持ち」は、以心伝心で、相手に伝わっているはずです。ですから積極的に、自分の申し出に協力してくれるでしょう。

さらに、もっと深い信頼関係がある相手であれば、何も言わなくても相手は自分の気持ちを察してくれて、協力的になってくれるでしょう。

⑤「怒りっぽい人」の影響で、自分まで怒りっぽくなった時の対処法

ブッダの教えのひとつに、「悪い友人とつきあってはいけない。よい友人とつきあいなさい」というものがあります。「悪い友人」とつきあうと、その人の影響で、自分まで「悪行の人」になってしまう危険性が高いからです。

一方、「よい友人」とつきあえば、その人から感化されて、自分も「善行の人」となることができます。

人は、そのように、他人から強く影響されているものなのです。

その意味では、「怒りっぽい人」とつきあっていると、自分まで影響されて、ささいなことでカッときたり、感情的になって平気で人を怒鳴り散らすような性格になっていく人もいます。

その反対に、おだやかな性格の人とつきあっていくと、こちらの心も安定し、何事

に対してもおだやかに対処できるようになることもあります。

▼「怒りっぽい人」とつきあっていくと、自分の性格が変わってくる

仏教説話に、こんなものがあります。

インドのある国に、大きな象がいました。象は、とてもどう猛で、戦争の時にはとても役立ちました。

昔、インドでは、戦争の際、象を使ったのです。象で敵陣へ突っこんでいって、敵を蹴散らすのです。その意味で、象はいったん怒り出すと、ものすごい勢いで暴れ回って、敵をやっつけるのには大いに役立ったのです。

ある時、象が住んでいた小屋を他へ移すことになりました。

ちょうどお寺の隣に空き地があったので、そこへ象を住まわせることになりました。

すると驚いたことに、どう猛で、暴れん坊であった象は、すっかりおとなしい性格になってしまったのです。

じつは隣のお寺の、おだやかなお坊さんたちに影響されて、象もおとなしくなってしまったのです。

この説話も、動物でさえ「人の影響」をそのように受けやすいのだから、ましてや人間ならばもっと影響をうけるだろう、ということを教えているのです。

そして、「おだやかな人間」とつきあっていくことを勧めているのです。

「もともと自分は、怒りっぽい性格ではないのに、どうも最近、ささいなことですぐにカッときて大声を出してしまう」という自覚症状がある人は、もしかしたら「つきあっている相手」のせいかもしれません。

そういう人はなるべく静かで、おだやかな性格の人とつきあうようにすれば解決できるかもしれません。

▼自分の中に宿っている「仏」を感じながら暮らしていく

ところで、仕事場のように、つきあう相手を、こちらで選べない場合には、どうすればいいのでしょうか。

たとえば上司が「怒りっぽい人」であっても、一般の社員が上司を他の人に変えてもらうわけにはいきません。同僚たちがみんな感情的な人だった場合にも、だからといってそう簡単に、おだやかな社員の多い他の部署へ異動させてはくれません。


しかし、そういう場合にも、仏教の考え方が役立ちます。

仏教では、「すべての人の中には、仏が宿っている」と教えています。

いつも自分の中にいる「仏」のことを意識するよう心がけてみてください。

そうするだけで、自然の気持ちがおだやかになっていきます。

周りには怒りっぽい人ばかりだったとしても、自分の中の仏を感じ取ることで、仏のおだやかさが自分へ乗り移り、怒りっぽい人の影響をなくします。

⑥「自分自身に厳しい人」ほど、いつもカリカリ怒っている

まじめで、努力家で、自分に厳しい人ほど、「いつもカリカリと怒っている」という傾向が強いようです。

仏教に、こんな話が残されています。ブッダの弟子の話です。

その弟子は、裸足で歩く修行を始めれば、足が血だらけになるまで、その修行を続けました。断食の修行をすれば、何日間も飲まず食わずでいました。

しかし、いくら熱心に、自分に厳しく修行に励んでも、どうしても悟りを得ることができませんでした。

その弟子はイライラし、悟りを得られない自分自身に対して、強い怒りを感じました。弟子は、とうとう、「このままでは悟りは得られない」と、ブッダのもとを去ろうと決心しました。

そのとき弟子に、ブッダは、こう語りかけたのです。

「おまえは出家する前に、琴《こと》をひいた経験があるそうだな。その時のことを、よく思い出してごらんなさい。琴の弦《げん》が緩んでいては、いい音は出ない。しかし、強く張りすぎたら、同様にいい音が出ない。緩《ゆる》みもせず、強く張りすぎもせず、ちょうどいい具合に弦が張られている時に、いい音が出るものだ」

そしてブッダは、弟子にやさしく教え諭したのです。

「お前の修行の仕方は、琴の、強く張り詰めた弦と同じだ。あまりに気持ちを強く持ち、意気込みすぎているから、かえって悟りが得られないのだ。気持ちに、少しゆとりを持ってみなさい。そうすれば悟りが得られるだろう」と。

弟子は、ブッダに教えられた通り、意気込みすぎた修行の仕方を改めて、心にゆとりを持つように心がけました。

そうすると、気持ちがおだやかになり、以前のようにカリカリと怒ることもなくなって、悟りを得ることができたのです。

▼意気込むより、「ゆとりある努力」のほうが、大きな成果を生み出す

カリカリと怒っていると、いい結果は出ないのです。

自分自身が、いい結果を出せないばかりではありません。周りにいる人たちにも、よけいな緊張感を与えます。その結果、周りの人たちも実力を出せなくなります。

その意味では、こちらがリラックスしていることで、周りの人たちも、心に余裕を持つことができます。

そして周りの人たちも、いい仕事ができます。

自分の「心の状態」は、自分のみならず、周りの人たちへも影響を与えていることを忘れないでおきましょう。

6章のまとめ

「大らかな気持ちでいつもいる」ことを心がけてほしいと思います。

「大らかな気持ち」でいることで、怒りの感情が遠ざけられます。また、心に安らぎが生まれ、豊かな満足感を持って生きていけるようになります。

「自分は上司の出世のために利用されているだけだ。自分ががんばって成果を出しても、上司に手柄を横取りされる」と怒る人がいます。

その人に学んでもらいたいのが、「布施《ふせ》」という仏教の教えです。

「自分の損得を考えずに、人のためになることをしてあげる。それが自分自身の幸せにつながる」という意味です。

自分の損得のことばかり考えているから、相手に腹が立ってくるのです。大らかな気持ちになって、「人のための行為が、自分のためになる」と考えましょう。

人生には、確かに、腹立たしいことも起こります。しかし何があっても、「日々是《にちにちこれ》好日《こうじつ》」と考えて生きていきましょう。

これは禅の言葉ですが、「毎日が、いい日なのだ。今日は運がいい、だとか、運が悪い、ということなどない」という意味です。

本当は、世の中に、吉凶などないのです。言いかえれば、「毎日が、運がいい日」なのです。そう思うことで、毎日、大らかな気持ちで、心地よく暮らしていけます。

ささいなことで怒ることもなく、どんなことがあっても、おだやかな笑顔で対処できるようになるのです。

そして、気持ちの浮き沈みがなくなる、安定した心で生きていけます。

ブッダは、「怒ってばかりいる人とつきあってはいけない。心穏やかな友人とつきあいなさい」とも教えています。

「怒りっぽい人」とつきあっていると、自分まで影響されて、ささいなことでカッときたり、感情的になって平気で人を怒鳴り散らすような性格になっていく人もいます。

その反対に、おだやかな性格の人とつきあっていくと、こちらの心も安定し、何事に対してもおだやかに対処できるようになることもあります。

第7章

「賢い知恵」で、怒りに打ち勝つ

① 言い返すことができない「弱い自分」に腹が立った時の、ものの考え方

ある男性は、おとなしい性格の持ち主です。

誰かから怒られるようなことがあった時、「悪いのは自分じゃない。むしろ相手のほうだ」と思っても、言い返すことができません。

「すみません」と謝ってしまいます。

彼は、「そんな自分自身に腹が立つ」と言います。

本当であれば、こちらも怒って怒鳴り返したいのです。しかし、それができないのは「気が弱いからだ」という劣等感を持っているのです。

このような悩みを持っている人が、意外と多いのではないでしょうか。

男性にも、女性にも多いように思います。

誰かから激しい怒りを向けられると、言い返したいことがあっても、心臓がバクバクし始めたり、体がブルブルふるえ出し、何も言えなくなります。

結局、「自分が悪いんじゃない」と思いながらも、「すみません」と頭を下げてしまうのです。

しかし、「気が弱い」ことを気にする必要はない、と思います。

むしろ「怒鳴り返さなかった」自分を、誇りに思ってほしいとさえ思います。

▼怒鳴られて、怒鳴り返さないのは「強い人間である」証しなのだ

ブッダは仏典の中で、何度も繰り返して「怒ってはいけない」と教えています。

また、怒っている相手に、自分自身は怒らずにいるのは、「自分自身に打ち勝つことでもある」とも教えています。

そして、「自分自身に打ち勝つことのできる人間こそ、本当の意味での、強者なのです」と、ブッダは言うのです。

これを仏教では「忍辱《にんにく》」と呼んでいます。

これは、単に「他人から受けた屈辱《くつじょく》的な行為を耐え忍ぶ」という意味ではありません。そのような消極的な意味ではないのです。

「他人から怒鳴られようが、怒りの感情を向けられようが、どんなことを言われようが、自分自身は心を乱さず、心静かにしている」ことが、「忍辱」なのです。

「言い返せない」ことを気に病むことなどありません。

「言い返さない自分」に、もっと自信を持って、心静かにしていればいいでしょう。

そうすれば相手も、怒るのをやめてしまうでしょう。

つい感情的になったことで、後々まで嫌な思いを引きずらなければならなくなるのは、むしろ相手なのです。

▼怒鳴られても、心静かでいられる。これは真の強者である

仏教には、このようなエピソードが残っています。

ブッダに意地悪をしてやろうと思いついた人がいました。その男は、たくさんの酒

を、象に飲ませました。酒に酔って、凶暴になった象で、ブッダを脅《おびや》かしてやろうと思ったのです。

酒に酔った象がうなり声を上げながら、ものすごい勢いで、ブッダに向かって突進していきました。

しかし、ブッダは、少しもおびえたりせずに、顔にほほえみを浮かべながら、突進してくる象を見ていました。すると象は、ブッダの手前で急に走るのをやめ、おとなしくなってしまったのです。

この話も、「怒る人を、相手にしてはいけません。言い返そうなどとは思わずに、心静かにしていれば、相手もおとなしくなる」という、ブッダの教訓を与えてくれているのです。

② 忙しいことを理由に、相手にしてくれない相手へ腹が立った時の対処法

仏教の修行で、もっとも重い罰は「無視」なのだと言います。
お寺で、ある一人の修行僧が、とても悪い行いをしたとします。
彼は、もっとも重い罪を与えなければならないような、悪いことをしたのです。
そのような時には、周りの人たちで、その修行僧を無視するのです。
彼から話しかけられても、返事をしません。
もちろん、こちらからも話しかけません。
「あれをしなさい」といった指図もしません。
「こうしてほしい」と頼まれても、無視します。
この「無視の罰」というのは、本人にとっては、とても辛いそうです。

「無視されるのが、とても辛いことであること」は、たとえ修行僧でなくても、一般の人たちにとっても同じことです。

たとえば職場の同僚に話しかけたとします。

しかし、相手は自分の仕事で頭が一杯になっているらしく、返事もしてくれません。

忙しくて、返事もできない状態であるのはわかるのですが、それでも怒りを感じないわけにはいかないでしょう。

「ちょっと。今、話しかけたんだけど」と、怒りたくもなってきます。

また、家庭でも帰宅した夫に、妻が「今日、こんなことがあったのよ」と話しかけます。

しかし、夫は疲れて頭がボーとしているのか、返事をしてくれません。

会社での仕事が大変なのは理解できますが、妻とすれば、そんな夫の態度に思わずカチンときてしまうものではないでしょうか。

しかし、そこで本当に怒ってしまったら、相手と口ゲンカになってしまうのは確実です。

翌日から、お互いに無視しあって、本当に口もきかない関係になってしまうのではないでしょうか。

▼無視されると頭にくる。しかし、そこで怒るのは得策ではない

さて、相手から「無視された時」の、もっとも賢い対処法は、「時間を置く」ことではないかと思います。

「ちょっと忙しそうだね」「今、疲れているみたいね」と言って、しばらく時間を置き、相手に余裕ができてくる時を見計らって、話しかけるのです。

とくに大事な話をする時には、そのタイミングが大切になってきます。タイミングをはずすと、大切な話ができなくなってしまうのです。

前の章で「対機説法《たいきせっぽう》」という仏教の言葉について述べました。

「相手の性格や、能力にあわせて、相手がもっともわかりやすいような話し方をしなさい」というブッダの教えです。

この「対機説法」には、「タイミング」という要素もあります。

相手が「聞く態勢」になっていない時は、どのような大事な話であっても、相手の耳には入っていきません。

▼いいタイミングをはかって話しかけるのも、「対機説法」である

大事な話をするタイミングを見つけ出すには、相手の様子をよく見る観察力が大切になってきます。また相手が今、どのような気持ちでいるか、機敏に感じられる能力も大切です。

この能力を身につけられる人は、相手から嫌がられることはありません。

③ 他人のマナー違反、ルール違反に腹が立つ時の、上手な対処法

公共の場でマナー違反、ルール違反をしている人を見かけることがあります。

不愉快な気持ちにさせられ、腹も立ってきます。

電車の中で年寄りを前に立たせてシルバーシートに坐っている若者。

携帯電話禁止の場所で、携帯で大声で話をしている人。

並んでいる行列に、平気で割りこんでくる人。

そんな人たちに対して、実際に「常識のない人間だな」と怒っている人もいるでしょう。確かに彼らは「ルール違反」をしています。

ただし、そういう相手に、怒ったり、怒鳴りつけたりしていいのかどうかは、よく考えなければいけません。

というのも「怒らないで済む、賢い方法」が、他にもあるように思われるからです。

▼怒らないでも済む方法があるのなら、怒らないほうが賢い

仏教の考え方を紹介しておきましょう。

仏教では、「相手がいくら悪いことをしていても、怒ってはいけない」と教えています。怒りの感情が湧きあがってくるのは、「自分は正しい人間だ」と自分自身が信じこんでいるからだと思います。

だから、マナー違反、ルール違反をしている人に、怒鳴るようにして怒るのです。

しかし、仏教では、「自分は正しい人間だ」と思い込むのは、「思いあがりだ」と教えるのです。

仏教では、人を「あの人は正しく、この人は悪い人だ」と、単純に分け隔てるようなことはしません。というのも、自分では「正しい人」と信じていても、実際には「悪い行い」をすることもたくさんあるのです。

電車でシルバーシートに坐っている若者を「他人の迷惑を考えろ」と、怒鳴ってい

る人であっても、座席に大股を開いて坐り、まさに他人の迷惑になっていることがあるかもしれません。

「ここは携帯電話禁止の場所だぞ」と怒っている人も、喫煙禁止の場所でタバコを吸うことがあるかもしれないのです。

「並んでいるのだ。割りこむな」と言っていた人も、どこか別の場所では、誰も見ていないスキにずるいことをしているかもしれません。

つまり人は誰であっても、他人に対して「偉そうなことを言って、腹を立てられる立場にはない」のです。

仏教は、「そのことに気づきなさい」と教えます。

▼「偉そうなことを言える立場ではない」と気づくことが大切だ

「自分は、他人に偉そうなことを言える人間ではない」とわかれば、もう他人に対して怒鳴ったり、怒ったりすることはできなくなります。

ですから仏教では「怒る」のではなく、「諭《さと》す」のです。

「諭す」とは、やさしく、おだやかに、「周りの人たちが、あなたの行いを不愉快に思っていますよ。そういう行いはしないほうがいいのではありませんか」と教えてあげることです。

そして、相手自身に、「自分は悪いことをしていた。行いを改めよう」と気づかせてあげることなのです。

「怒る」と、相手との人間関係は悪化しますが、「諭す」ことによってお互いの間には深い信頼関係が生まれます。

④「すぐに思い通りにならない」ことに腹立たしくなった時の、対処法

「子供のことで腹立たしい気持ちをおさえられなくなる」という母親がいます。

母親はピアノの先生です。

その母親が子供だった時には、プロのピアニストになる夢を抱いていましたが、その夢を果たすことはできずに、ピアノの指導者になりました。

そこで五歳になる娘に、「自分が子供だった頃の夢を、この娘に果たしてもらいたい」と、ピアノの特訓を施しているのです。

しかし、娘はなかなか上達しないのです。

そのために、つい感情的になって、娘を怒鳴りつけてしまうというのです。

「怒る」のは、かえって逆効果になるのではないかと思います。

「早く上達しなさい」「どうして、こんな簡単なことができないの」「なにをモタモタしているのよ」と、母親がカンシャクを起こせば起こすほど、娘はピアノを嫌いになっていくに違いありません。

そして、最後には、「ピアノの練習なんて、もうやめた」と言い出す結果になるのではないでしょうか。

そうなれば母親自身、二度目の挫折を経験することになります。

一つには、プロのピアニストになる夢を抱きながらなれなかった、という自分自身の挫折。そしてまた、娘をピアニストに育てたいという希望を持ちながら、果たせない、という指導者としての挫折です。

▼人の成長は時間がかかるもの。ゆっくり、あせらず、指導していく

人の成長は、ある程度時間がかかるものです。

しかし、教える側の人間は、得てして、それを忘れてしまうのです。

そして、「時間がかかるのは、相手が自分の話をよく聞いていないからだ。やる気

がないからだ。反抗的であるからだ」と、腹を立ててしまうのです。

インドの昔話に、こんなものがあります。

ある金持ちが、「三階建ての家の屋上からの見晴らしは、さぞすばらしいものだろう」と思いつきました。

そこで大工を呼んできて、三階建ての家を建てるように命じます。

ところが後日、金持ちが現場の様子を見にいくと、大工は家の一階部分を作っていたのです。

「三階からの眺めを見たいから、三階建ての家を建てるように命じたのに、なぜ一階部分を作っているのだ」と怒って、その大工をクビにしてしまいました。

そこで、また新しい大工を雇ってきて、三階建ての家を建てるように命じました。

後日、金持ちは現場の様子を見にいきました。

すると、大工は、家の二階部分を作っていました。

金持ちはカンカンになって怒って、「三階建ての家を建てるように命じたのに、なぜ二階部分を作っているのだ」と、その大工もクビにしてしまいました。

結局、その金持ちの悪い評判が大工たちの間で広がって、金持ちの仕事を受ける大工などいなくなってしまいました。

▼相手を「早く、急げ」とせかすと、結局は自分の望みが叶わなくなる

このインドの昔話が教える教訓も、

「物事が成し遂げられるのには、段階を踏んでいかなければならない。だから、それなりの時間もかかる。それを急がせれば、かえって望みが叶えられなくなる」

ということを意味しています。

⑤「お金がない」ことに腹を立てるのか、それを喜びとするのか

あらゆる物事は、二重、三重の意味を持っています。

たとえば、関東の人間は「納豆は、おいしい」と思っている人が大多数です。

しかし、関西の人は、「納豆は臭いし、ネバネバしているし、あんなまずい食べ物をよく食べられるものだ」と言う人が大勢います。

同じ納豆であっても、それをおいしいと思う人もいれば、まずいと思う人もいるのです。

四季の中では、「ロマンティックな気持ちになれるから、秋が一番好きだ」という人がいます。しかし、一方で、「秋は気分がめいってくるから、嫌いだ」という人もいるでしょう。

仕事の残業が多いことを、「早く家に帰ってゆっくりしたいのに、今日もまた残業だなんて、うんざりだ」という人もいます。

ですが、「残業代を稼げる。収入が増えるのだから、残業は大歓迎だ」と考える人もいるのです。

ですから仏教では、「この世は空《くう》だ」と教えます。

「空」とは、「これが絶対に正しいと言えるような真実はない」という意味です。

同じ物事であっても、その人の考え方、感じ方で、その意味合いは変わってくるのです。

▼物事の意味は、その人の考え方、感じ方で変わっていく

その意味では、「怒りっぽい人」というは、そういう意味では、物事をネガティブにばかりとらえてしまう性格を持っていると言えます。

たとえば「年収三〇〇万円」という事例について考えてみましょう。

怒りっぽい人は、この年収を「三〇〇万円しかない」とネガティブに考え、「こんなに少ない給料ではやっていけない」と怒るのです。

しかし、その同じ収入に対して「三〇〇万円ももらえて、ありがたい」と満足し、実際にその年収で幸せに生活している人もいるのです。

「三〇〇万円の年収ではやっていけない」というのは、絶対的な真実ではないのです。先ほども述べた通り、すべての物事は「空」なのです。絶対的な真実など、この世には存在しないのです。

実際に、その収入に満足する気持ちを持ち、生活の仕方を工夫していけば、十分にやっていけるのです。

「今あるもの」以上のものを求めてはいけないのでしょう。よりたくさんのものを求めすぎるから、心が欲求不満におちいって、怒りっぽくなっていきます。「今あるもの」に満足する気持ちを養いましょう。

そうすれば「空」をポジティブにとらえて、幸せに生きていけます。

7章のまとめ

仏教には「忍辱《にんにく》」という教えがあります。

単に「他人から受けた屈辱的な行為を耐え忍ぶ」という意味ではありません。

「他人から、どんなことを言われようが、どんな態度をされようが、自分自身は心を乱さず、心静かにしている」ことが、「忍辱」です。


たとえば相手から、バカにされるようなことを言われたとします。また、思いがけないことで怒鳴られたとします。そのような時には、腹も立ってくるのですが、「怒ってはいけません。忍辱しなさい」と、仏教は教えます。

忍辱し、こちらが相手にしなければ、それ以上、相手は何も言ってはこないでしょう。そうやって物事を穏便にすませるのが、仏教の賢い知恵なのです。

また、こちらから相手に何か話しかけた時に、相手に無視されることがあります。

そんな時にも腹が立ちますが、やはり怒ってはいけません。

この時に必要になってくるのも「忍辱」です。

気持ちを静めて、「ちょっと忙しそうですね」「今、疲れているみたいだね」と言って、その場は引き下がって、しばらく時間を置きましょう。

相手に余裕ができてくる時を見計らって、話しかけるのです。そうすれば相手は、こちらの話に耳を傾けてくれるでしょう。


このように、怒らずに、もっといい方法を考えるのも、仏教の賢い知恵なのです。

上司や親は、部下や子供が、自分の思い通りに成長しないことによく怒ります。

しかし、この時に必要になってくるのも「忍辱」です。

人は段階を踏みながら、ゆっくりとしか成長していきません。冷静な心で、そのことを理解するのが、「忍辱」の教えに従うことになります。

ですから相手の成長のスピードに合わせて、ゆっくり着実に指導していきましょう。

「急《せ》いては、事をし損じる」ということわざもあります。

「急がない」ことも、仏教の賢い知恵の一つでしょう。

第8章

「思い詰めない心」で、怒りをおさめる

① 自分の不器用さに腹が立ってきた時の、ものの考え方

ある男性は、自分自身に腹を立てています。

と言うのも彼は、不器用で、仕事を終えるのに時間がかかるからです。

周りの同僚たちが一時間で仕事を終わらせることができるのに、彼の場合は二時間も三時間もかかってしまいます。

そのために「仕事ができない」「役立たず」というレッテルを貼られて、職場の同僚からバカにされるというのです。

もちろん同僚たちにも怒りを感じます。しかし、それ以上に「不器用な自分自身に腹が立ってしょうがない」と彼は言うのです。

さて、「自分に腹が立つ」のは、彼自身が「不器用な人間＝仕事ができない人間」、「仕事を終えるのに時間がかかる人＝役立たずの人間」と思いこんでいるのでしょう。

周りの人たちが、そのように見なしているからといって、自分自身までそう思いこむことはないのです。

実際に、この世の中で成功している人には、「不器用な人」「仕事に時間がかかる人」がたくさんいます。

不器用な人ほど、言い方をかえれば、「一生懸命になって仕事をする」ものです。仕事に時間がかかる人ほど、「ていねいな仕事をする」ものです。

その一生懸命さと、ていねいな仕事が高く評価されて、その分野で大きな成功をおさめる人もたくさんいるのです。

ですから、自分自身に腹を立てないほうがいいと思います。

そうしないと、ますます自分に自信を失っていくばかりです。

▼不器用だからと言って、自信を失うことはない。不器用な人ほど成功する

仏教の話をしましょう。

禅宗の世界では、位《くらい》の高い人を「破木杓《はもくしゃく》」と呼ぶことがあります。

「破木杓」とは、「ヒビが入って欠けた、木の杓子《しゃくし》」のことです。

それで汁をすくおうと思っても、ヒビが入って欠けていますから、すくうことができません。

つまりこれは「役に立たない人」を意味する言葉なのです。


しかしなぜ、禅では、位の高い人を「破木杓」などと呼ぶのでしょうか。

これは一つには、「自分に謙虚に向いあっている」ということなのだと思います。

本当は様々な人間的な欠点があるのに、それを隠し、「自分は完璧な人間だ」と周りの人に信じさせようとするのは、仏教的な考え方から言えば、愚かな行為なのです。

「欠点があるならば、それを認めるのがいい」と、仏教は教えています。

「自分は何にも役に立たない人間だ」と悟ることで、

「そんな自分でも、世のために、人のために何か役立つことはないか」と謙虚に考える。

そして自分なりに地道に努力を続けていくことが、仏教では「徳の高い行為」だと称賛されるのです。

▼「役立たず」ほど、自分に謙虚に向かいあい、地道な努力を続けていける

「不器用」「仕事ができない」「役立たず」ということで、自分自身に腹を立てる必要などまったくありません。

「そんな自分であっても、何ができるのか」を考えましょう。

そして自分のペースで努力を続けていけばいいのです。

そのような謙虚で、地道な人は、最後には周りの人たちから高く評価されます。

②「ありもしないこと」を予想して腹が立ってきた時の、ものの考え方

ある女性は、「女友だちが、夫の浮気が原因で離婚した」という噂を聞きました。それ以来、「自分の夫も、どこかで浮気をしているんじゃないか。それが原因で、自分自身も離婚することになるのではないか」という不安につきまとわれるようになったというのです。

そうなると、自分をこんな不安な気持ちにし、また自分を裏切って浮気しているかもしれない夫に強い怒りの感情を感じるようになりました。

そして、ちょっとしたことで夫を怒鳴りつけたり、強い口調で不満をぶつけるようになりました。そのために夫婦関係がうまく行かなくなってしまったというのです。

もう一人、こんな男性もいます。

彼が勤める会社で、大規模なリストラが行われることになりました。

彼は、「自分も会社を辞めさせられることになるのではないか」という不安におびえるようになりました。すると、上司や、人事の担当者や、会社の社長に対して、「オレをバカにしやがって」と強い怒りを感じるようになりました。

それ以後、仕事にも身が入らなくなり、上司の命令にもいちいち反抗するようになり、職場での立場をみずから追い詰めていってしまったというのです。


どちらの事例にしても、「夫が浮気している」「自分がリストラにあう」という事実はないのです。にもかかわらず、将来「そうなるのじゃないか」と勝手な想像を働かせて、腹を立てているのです。

しかし、このような事態におちいる人は、けっして少なくはありません。

▼「将来の不安」から怒りをおぼえるのは、愚かなことである

仏典に、このような話があります。

ある時、ブッダに、弟子が「死んだら、私はどうなりますか」と問いました。

しかし、ブッダは、「死んだ後のことなど、どうなるかわからない。どうなるかわからないことについて、考えても仕方がない」と、弟子の問いには答えようとしませんでした。

仏教には、「どうなるかわからない、知ることのできない未来のことに気持ちをわずらわせると、今やらなければならないことへの集中力がなくなる」という考え方があります。

これを仏教では、「無記答《むきとう》」と言っています。

「知ることができないことについて、無理に答を出す必要はない」という意味です。

そこで「夫が浮気するかもしれない」「自分がリストラされるかもしれない」という答えを出そうとするから、心に迷いが生じて、ムカムカと腹も立ってくるのです。

しかし、すべては自分が勝手に作り上げた妄想《もうそう》でしかないのです。

妄想に腹を立てるなど、愚かなことではないでしょうか。

また、仏教には、「先々のことを考えて、不安や怒りの感情にまどわされる」のは「心が弱い」証しであり、「あえて先々のことは考えない」でいられるのは「心が強い」証しである、という考え方もあります。

もちろん先々のリスクを予想して、心の準備をしておくのも大切なことなのでしょう。しかし、そのためにネガティブな感情におちいってしまいそうであれば、あえて心を強く持って「考えない」でいるのも、また大切なことだと思います。

それよりも、「今に集中する」ことです。

今を一生懸命になって生きていれば、おのずから、幸せな未来がやってくるのです。

それが仏教の考え方です。

③ お金が「ムダ金」になった時の、怒りの静め方

「すべてムダ金になった」と怒っている、投資家の男性がいました。

彼は、あるベンチャー企業に、多額の投資をしたそうです。彼には、その会社が将来有望な事業と思えたのです。そのベンチャー企業が大成功をおさめれば、投資したお金が何倍にもなって返ってきて、大儲けできると考えたのです。

しかし、ベンチャー企業は、あえなく倒産してしまいました。

投資したお金は、すべてパーです。彼はそれが悔しくて、頭にきて、夜も眠れない毎日だというのです。

「使ったお金がムダになった」「期待が裏切られた」という経験をすることは、確かに腹立たしいものなのでしょう。

こんな主婦もいました。

路上販売で、果物の桃を売っていました。産地の農家がトラックでやって来て、直接売っていたそうです。スーパーで売っているものよりも格段に安いので、彼女は箱ごと買って帰りました。

しかし、家へ帰って箱を開けてみると、ほとんどの桃が腐りかけていました。彼女はあわてて先ほど桃を買った場所に行きましたが、もう農家のトラックはいなくなっていました。連絡先もわかりません。

彼女も、「ムダなお金を使ってしまった。お金をドブに捨てたようなものではないか」と、腹が立って仕方がないと言います。

先ほどの投資家がムダにしたお金に比べれば、桃は何十分の一ほどのお金でしょう。それでも怒りの感情を押さえられなくなるのです。

「金の恨みほど怖いものはない」とも言われますが、人の金銭への執着心はそれほど強いものなのでしょう。

しかし、いくら怒っても、お金が返ってくるわけではありません。

返ってこないお金のことで怒っているよりも、気持ちを前向きにして、これからのことを考えて生きていくほうが幸せであるように思います。

▼お金がムダになるのは腹立たしい。しかし、あきらめなければならない

ここで江戸時代の僧侶、良寛和尚の話を紹介しましょう。

良寛和尚が暮らしていた新潟地方で、大地震がありました。

良寛和尚には幸いに被害はありませんでしたが、知り合いに大きな被害をこうむった人がいました。

そこで良寛和尚は見舞の手紙を書き送ったのですが、それには次のような意味の一節がありました。

「災難にあう時には、災難にあえばいいのです。それが災難から逃れる、もっともいい方法なのです」

良寛和尚は、ここで「災難」という言葉を、ふた通りの意味で使っています。

「物質的な災難」と「心の災難」という意味です。

それを理解したうえで、この良寛和尚の言葉をわかりやすく解説すれば、「地震や火事といった物質的な災難は、逃れようがありません。もし、そのような物質的な災難にあった時は、いつまでも悔んでいたり、怒っていたりするのではなく、あきらめるしかないのです。怒りで気持ちをかき乱せば、心まで災難にあうことになります。上手にあきらめて、前向きに生きることによって、心の災難からは逃れられます」という意味になるのです。

▼「物質的な災難」をあきらめれば、「心の災難」から逃れられる

先ほどの二つの事例にもどします。

お金をムダにした、といつまでも怒っているのは、「心の災難」に苦しむことなのです。もうどうしようもないことなのですから、上手にあきらめましょう。

そうすれば今後のことを前向きに考えられるようになるでしょう。

④ 寝る前に、怒りが湧きあがってきて眠れない、という人のために

「夜、眠るために横になると、怒りの感情が湧きあがって、眠れなくなります」という人がいます。

職場のうるさい上司のこと、意地悪な同僚のこと、仕事が思うようにならないこと、友人から言われたイヤミなど、イヤな記憶が次々と脳裏に浮かんできて、腹が立ち、眠れなくなってしまうのです。

明け方まで眠れず、眠りにつけても夢にまで「頭にくる人の顔」が浮かんできて、熟睡できません。

そのために、寝不足のまま職場へ行くことになります。

すると、ボーとした頭で、つまらないミスをして、上司や同僚からまた「頭に来るようなこと」を言われる結果となるのです。

そのために、また新たな怒りから夜眠れなくなり、睡眠不足はどんどんつのってい

く、という悪循環にはまってしまいます。

この場合の熟睡するコツは、寝る前に、嫌なことは何も考えないことです。さらに心を無の状態にするのがいいのです。そうすれば気持ちのいい眠りにストンと落ちていくことができます。

とくに注意したいのが「怒り」の感情です。寝る前に怒りの感情にとらわれると、心身が興奮してきて、眠気が覚めてしまうのです。

▼寝る前には、嫌なことは何も考えない。さらに心を無にするのが、熟睡のコツ

禅の言葉に、「もの思わざるは、仏の稽古《けいこ》なり」というものがあります。

「真理とは何か。幸せとは何か。悟りとは何か」と、一生懸命考えるだけが、仏教の修行なのではありません。

意識して「何も考えない。心を無の状態にしておく」のも、立派な仏教の修行であると言うのです。

こんなエピソードがあります。

あるお坊さんのもとへ、年老いた女性が訪ねてきました。女性は、こう言いました。

「最近、息子が嫁をもらいました。しかし私は、その嫁と相性が悪いのです。嫁のことを考えると、腹が立ってしょうがありません」

というのです。

お坊さんは、こう教えました。

「嫁のことを思い出して、腹立たしい気持ちになったら、心の中で、『何も考えない、何も思い出さない、自分は誰も憎んでいない』と、心の中で念じなさい。何も思わないのも、仏の修行なのですから」と。

▼「何も考えない」のも、仏の修行。腹立たしい相手のことは、考えない

「寝つきが悪い」という人も、横になったら「何も考えない、何も思い出さない、自分は誰も憎んでいない」と、心の中で念じる習慣を持ってみたらどうでしょうか。

お経を読むように、小さな声でつぶやいてみてもいいでしょう。

「何も考えない」と念じることで、「頭にくる人の顔」「腹立たしい出来事」を思い出すのを防ぐのです。心身がリラックスするような音楽を流したり、ラジオを聞くのも、寝つきの悪さを解消するのには効果的です。


とにかく、意識が「怒りの対象」に向かっていかないように工夫をすることが大切です。訓練することで、意識的に「何も考えない」心の状態を作り出せるようになります。

無にならなくても、楽しいことを考えてもいいでしょう。

そうすれば、よく眠ることもでき、翌朝は元気いっぱいで出掛けることができます。

⑤ 仕事で行き詰まった時に感じる怒りの対処法

仕事に行き詰まった時も、人はつい「怒り」の感情にとらわれがちです。

「課長が十分な予算を与えてくれなかったら、こんな結果となった。課長のケチケチした考え方は、本当に頭にくる」

「周りの同僚たちが協力してくれないから、プロジェクトがうまくいかない。ああ、腹が立つ」

そんな具合です。

また、怒りの感情のほこ先は、他人にも向かえば、自分自身にも向かっていきます。

「まったく自分が、ふがいない人間だ。こんなことで仕事が行き詰まってしまうなんて、自分自身に腹が立ってくる」といったようにです。

ここで禅の言葉を紹介しましょう。

「念《ねん》起こる、これ病なり。継《つ》がざる、これ薬なり」

「念」とは、「感情」のことです。

それも、ここでは、怒りなどのネガティブな感情の意味として使われています。

「ネガティブな感情が起こるのは、心が病気にかかるようなものです。その感情を後々まで引きずらないようにするのが、この心の病気を治す一番の薬です」というのが、言葉全体の意味です。

▼「怒りの感情」は、早く断ち切る工夫をする

人間は、感情を持つ生き物です。

仕事においても、うまくいかない時には、怒り、悔しさ、他人へのねたみなど、様々な感情が湧きあがります。

そのような感情が心に生まれるのは、ある意味、人間であれば仕方がないことだと思います。

ただし、肝心なのは、そのようなネガティブな感情を引きずらないことです。

ネガティブな感情を、いつまでも引きずっている限り、行き詰まった物事を打開する、いいアイディアが浮かんでこないからです。

ちょっと仕事から離れて、ゆっくり休養できる時間を取り、気持ちをリフレッシュさせましょう。

友人と思いっきり遊んで、気分転換をはかるのもいいでしょう。

そうすることで「怒りの感情」が継続しないようにするのが大切なのです。

上手に気分転換できれば、怒りの感情という「病」からも、早く立ち直ることができます。

新鮮な気持ちになれば、行き詰まった仕事を打開する、いいアイディアも浮かんできます。

8章のまとめ

「不器用」「仕事ができない」「役立たず」ということで、自分自身に腹を立てる必要などまったくありません。

「そんな自分であっても、何ができるのか」を考えましょう。

そして、自分のペースで努力を続けていけばいいのです。

そのような謙虚で、地道な人は、最後には周りの人たちから高く評価されます。

仏教には、「どうなるかわからない、知ることのできない未来のことに気持ちをわずらわせると、今やらなければならないことへの集中力がなくなる」という考え方があります。

これを仏教では、「無記答《むきとう》」と言っています。

「知ることができないことについて、むりに答を出す必要はない」という意味です。

禅の言葉に、「もの思わざるは、仏の稽古《けいこ》なり」というものがあります。

「真理とは何か。幸せとは何か。悟りとは何か」と、一生懸命考えるだけが、仏教の修行なのではありません。意識して「何も考えない。心を無の状態にしておく」のも、立派な仏教の修行であると言うのです。

そのように「無記答」を心がけておくのも、心を安らかに保ち、怒りの感情を自分に寄せつけないコツになります。

「念《ねん》起こる、これ病なり。継《つ》がざる、これ薬なり」という禅語もあります。この場合「念」とは、「ネガティブな感情」のことです。

「ネガティブな感情が起こるのは、心が病気にかかるようなもの。その感情を後々まで引きずらないようにするのが、この心の病気を治す一番の薬である」というのが、言葉全体の意味です。

とにかく、意識が「怒りの対象」に向かっていかないように工夫をすることが大切です。訓練することで、意識的に「何も考えない」心の状態を作り出せるようになります。無にならなくても、音楽を聴いたり、楽しいことを考えてもいいでしょう。

そうすれば、よく眠ることもでき、翌朝は元気いっぱいで出掛けることができます。

第9章

「感謝する心」で、怒りを寄せつけない

① みんなが見ている前で批判された時に、怒らずに済む方法

みんなが見ている前で、人から非難を受けるのは、精神的に辛いことです。

たとえば、職場の会議やミーティングの時に、上司からさんざん叱られてしまう場合です。

叱られることは仕方ないとしても、自分が叱られている姿を周りで同僚たちが見ていると思うと、恥ずかしくて仕方ありません。

いや恥ずかしさ以上に、上司への強い怒りさえ感じてくるのです。

しかし、上司から叱られるようなことをしたのは現実なのですから、言い返すこともできません。

このような「はけ口のない怒り」が、一番悪い影響をもたらすのです。

ストレスが溜まり健康にも良くありませんし、仕事への意欲も失い、自暴自棄《じぼうじき》とな

ってアルコールやギャンブルに走る人さえいます。

▼みんなが見ている前で非難されることほど、頭にくるものはない

怒りから身を滅ぼすことにならないためには、どうすればいいのでしょうか。

ブッダの説話に、このようなものが伝えられています。

ある人物がブッダの前に現れて、「仏教の教えを、短い言葉で、簡単に説明してください」と問いかけました。

ブッダは、「わかりました」と、ごく短い言葉で説明してあげました。

すると、相手は、「そんな短い、簡単な説明ではわからない。私が理解できないのは、あなたの説明の仕方が悪いからだ」と、散々ブッダの悪口を言って帰っていきました。

本来は、仏教のような深い教えを「短い言葉で、簡単に説明する」のは、とてもむずかしいのです。

また、もし説明できたとしても、それを聞いている側に深い教養がなければ、理解

できるものではありません。

ブッダの悪口を言って帰っていったその人物は、ブッダの言葉を理解するだけの教養がなかったのです。

にもかかわらず、ブッダの悪口を散々述べたのです。

自分で「短い言葉で、簡単に説明してほしい」と言っておきながら、「そんな短い言葉で、簡単に説明されても理解できない」と、ブッダをののしったのです。

しかも、弟子たちが見ている前で、ブッダを非難したのです。


こんな振る舞いを受けたら、頭にきて怒ってしまうのが当然でしょう。

しかし、ブッダは怒りませんでした。

「正しいのは自分だ」とわかっていながら、ブッダは怒りませんでした。

それは「怒りが我が身を滅ぼす」ということをよく知っていたからです。

▼「怒り」ほど危険なものはない。怒りが我が身を滅ぼす

まず「怒らない」と、固く心に決めておくことです。

怒っても、損することはあっても何もいいことはないと、よく覚えておくことです。

その上で、みんなが見ている前で叱られるようなことがあったら、このようなことを実践するように決めておくのがいいのではないでしょうか。

「いいことを教えてもらって、ありがとうございます」と、大きな声を出して、相手に感謝するのです。

ウジウジとして怒っているよりも、そうするほうが自分自身の心が爽やかになります。また上司や、周りの人たちも「明るく元気な社員だ」と、いい印象を持ってくれることになるでしょう。

② 人からアドバイスを受けた時の、大切な心構え

身近にいる人たちから受けるアドバイスや、ちょっとした助言は、とてもありがたいものです。

周りの人たちは、自分がやっていることを、広い視野に立って、客観的な目で見ているものです。逆に自分は、一つのことに没頭すればするほど、視野が狭くなり、どれが一番良い方法なのか、正しい判断ができなくなりがちです。

そんな時に、身近な人のアドバイスや助言によって、パッと目を見開かせてもらえるのです。何が正しく、何が間違っているのか、気づかせてくれるのです。

ですから、身近な人のアドバイスや助言は、ありがたく思い、また大切にしなければならないのです。

この世界で成功できる人には、二つの性格的な共通点があるように思われます。

一つには、「人の話をよく聞くこと」です。

もう一つには、「素直であること」です。

スポーツの世界でも、ビジネスでも、学問の世界であっても、成功する人たちに交通するのは、この二点です。

上司、先輩、コーチ、友人、師匠たちの言葉を、よく聞き、すなおにそれを実践するのです。そうやって、人の言葉や教えを糧《かて》にして、自分の能力を大きく伸ばしていくのです。

▼身近な人のアドバイスに感謝する。感謝は、自分が得すること

ところが、アドバイスや助言に対して、「何もわかっていないくせに、よけいなことを言うな」と、怒ってしまう人もいます。

怒って、せっかくの相手の言葉を拒んでしまうのは、いわば、より賢く、より大きな喜びを得るためのチャンスを失うことにもなります。

しかしなぜ、人は、他人のアドバイスや助言に怒ってしまうのでしょうか。

また、みずから「自分自身が得すること」を拒んでしまうのでしょうか。

それは「自分がもっとも賢い」「自分のことは、自分がもっともよく知っている」「自分が一番正しい」という、強い思いこみがあるからだと思います。


仏教では、このような自分本位の考え方を、「我執《がしゅう》」と呼んでいます。

この「我執」とは、「思いこみ」「がんこさ」「強すぎるプライド」といった言葉にも、言いかえられるでしょう。

そして、仏教では、「我執を捨てなさい」と教えています。

我執を捨てれば、人に腹を立てることもなくなり、心が安らかになり、人の好意にすなおに感謝できるようになると教えるのです。

▼「我執」を捨てる。そうすれば「怒り」が「感謝」に変わる

「我執の強い人」は、他人という存在を受け入れることができないのです。

ですから、このタイプの人は、職場や学校などの人の集まりの中で、どんどん孤立していきます。

そして、自分に自信を失っていきます。

「自分がもっとも賢い。偉い」という自信が、どんどん崩れていくのです。

そして、結局、自分自身に強い怒りを感じるようになり、自暴自棄《じぼうじき》の生活となっていくのです。

自分一人の力で生きていると思ってはいけません。

人は、周りにいるたくさんの人の世話になりながら生きているのです。それに感謝する気持ちを大切にすれば、怒りの感情から遠のいていられます。

その結果、自分らしく、安らかに、幸せに生きていけます。

③ ひがみ根性から言いがかりをつけられて腹が立つ時の、対処法

「幸せな人」に対してのひがみから、ウソでたらめの言いがかりをつけてくる人がいます。そんな相手には腹も立ちますが、そこでカンカンに怒ってしまうのは、かえって相手の思うツボにはまることになる場合が多いようです。

冷静に対処し、けっして相手の挑発に乗らないのが、賢い方法です。

あるAさんという男性の話です。

人一倍がんばってきた彼は、一番の出世頭です。

同僚社員たちの中では、もっとも早く課長に出世しました。

そうなると、むずかしいのが、かつての同僚たちを、部下として使わなければならなくなることです。

とは言え、ほとんどの部下たちが、Aさんの仕事の進め方に素直に従ってくれてい

たのです。しかし、その中で一人だけ、Aさんの言うことに露骨に反抗的な態度を取る社員が現れました。

その部下は、かつては良き同僚として、お互いに協力しあって仕事を進めていた仲間だったのです。

Aさんが先に出世をし、彼の部下として使われる身になったことに、強いひがみ根性を持ってしまったのです。

Aさんが出す「こうしてください」という指示に、いちいち「それは間違っている。いい方法とは思えない」と反抗するようになったのです。

ただし、ひがみ根性から出る言葉ですから、ほとんど言いがかり、イチャモンとしか言いようのない言葉なのです。

会社にとって、大きな成果を出すために、まっとうで正しいことを言っているのは、誰が考えても自分のほうだと、Aさんは思います。

Aさんとして腹も立つのですが、その部下に対してどう対処すればいいのか悩んでいる、というのです。

▼ひがみ根性からのイチャモンには、腹が立つ。しかし怒ってはいけない

ここで曹洞宗の開祖である道元《どうげん》の言葉を紹介しておきましょう。

道元も弟子から、ひがんだ言葉を浴びせかけられた経験があったのです。

そういう相手に対して、どのような心構えでいるべきか、道元は教えています。

そして、次のような意味のことを述べているのです。

「自分自身は正しいことを言っているのです。人のためを思って、もっとも良いことを言っているのです。しかし、ひがみから、とんでもないことを言ってくる人がいます。そういう相手には腹も立ちます。しかし、怒ってはいけません」

そして、具体的にこのような意味のアドバイスをします。

「相手はまったく的外れな、間違ったことを言っているのですから、理屈で攻めれば

こちらが勝ちます。しかし、理屈で相手を打ち負かすようなことはしてはいけません。そんなことをすれば、相手の気持ちはますますねじれていって、ひがみ根性も強くなります。また、どんなイチャモンをつけてくるかわかりません。だからといって、相手の間違った意見を『はいわかりました』と、受け入れてしまうのも問題です。一番いいのは、ひがみからものを言ってくる相手の言葉など、聞かぬふりをしていることです。相手にしなければいいのです。それがもっとも賢い方法でしょう」

相手にしなければ、こちらも腹が立ちません。そして、どちらが正しいことを言っているか、周りにいる人たちには、おのずと理解できるでしょう。

④「怒ったこと」が、「自分が悪かった」と気づいた時

「何を見当違いのことを言っているのか。あなたの言うことは、まったく的はずれだ。あなたは間違っている」と、相手に頭から湯気をあげて怒ったのに、それが後になって「見当違いをしていたのは、自分だった。的はずれなことを言っていたのは、間違っていたのは、自分自身だった」と気づかされることがあります。

そんな時ほど、バツの悪いことがありません。大恥をかいて、怒った相手に顔向けできない結果となります。

人はよく間違いを犯すものです。

にもかかわらず、人は「いつも自分が正しい。間違っているのは他人だ」と思いたがるものです。

そのために、怒ったことで、後で恥をかく、という事態にもなるのです。

どんなに確信していることであっても、心のどこかで「間違いは、自分のほうにあるかもしれない」という気持ちを持っておくのを忘れないようにしておきましょう。

そして、他人の言う言葉は、頭から「間違ったことを言っている」と決めつけてしまうのではなく、まずは謙虚な気持ちで耳を傾けることです。

また、けっして「怒らない」と心に決めておくのが大切です。

▼「いつも自分が正しい」と思っているから、後で恥をかくことになる

アンデルセンの童話に『裸の王様』という話があります。

ある国の王様のもとへ、二人の布職人がやってきました。

二人は王様に、「愚かな人間には見ることができない、不思議な布で着物を織ることができます」と言いました。

王様は面白がって、さっそくその不思議な布で織られる洋服を注文しました。

しかし、その二人は詐欺師《さぎし》だったのです。

後日、二人は王様のもとへまたやって着て、「ご注文の洋服ができ上がりました」と言いました。

しかし、王様にはその洋服が見えません。

実際に、二人の詐欺師は、手に何も持っていなかったのです。

王様は、「何も見えない」と言うと、自分が「愚かな人間」であること、みずから認めることになるので、「すばらしい洋服だ」とほめたたえ、二人に大金を与えたのです。

そして、王様は、着ているものを脱ぎ捨てると、その「見えない洋服」に着替えて、お城を出て街をパレードしたのです。

街の市民たちは、「王様は裸だぞ」と笑いました。

その市民たちに向かって、王様は「愚かな者たちよ。私が着ている洋服が見えないとは」と怒りました。

しかし、市民たちは、「でも、やっぱり王様は裸だ」と、笑うのをやめませんでした。

▼「裸の王様」になりたくなかったら、「他人は愚か」と決めつけない

この童話も、王様を例に出して「他人を愚かだと決めつけて怒るのはやめなさい。本当に愚かなのは自分自身であるのかもしれないのですから」という教訓を教えてくれているように思われます。

この教訓を忘れて、自分の判断力に過度に自信を持ちすぎると、得てして「みんなの笑い者」にされる結果となる場合が多いのです。

自分自身の判断力を過信しているから、他人に対して怒りっぽくなります。

人の言葉には「感謝の気持ち」で接するのが大切です。

⑤「女は邪魔だ」と言われて腹が立った時の対処法

ある女性は、つきあっていた男性から、「君とのつきあいは、ぼくの仕事のために役立たない。はっきり言って、仕事の邪魔になる。だから別れよう」と言われたそうです。

彼女とのデートや、彼女からくる電話につきあうために、仕事の時間が削られる。その間に、職場のライバルたちにどんどん差をつけられる。とにかく今、自分は仕事にまい進したいから、別れよう……ということでした。

これまで自分が「彼の仕事の邪魔になっている」などと意識したことはありませんでしたから、彼女は戸惑いました。

いや、それ以上に、彼に対して大きな怒りを感じました。

このような経験のある女性は、他にもいるかもしれません。

さて、実際にこのような経験をした女性は、次にどのような行動を取るのでしょうか。

二つのタイプに分かれるように思います。

●男性への怒りを長く引きずって、復讐のために彼につきまとう。
●そんな男性のことなど早く忘れて、新たな自分の人生を追い求める。

しかし前者を選択するタイプの女性は、みずからをますます不幸におとしいれていくケースが多いようです。

怒りから、自分がいっそうミジメに思えてきて、男性への復讐心のために、大切な時間を浪費していく結果となるのです。

その意味では、後者の生き方を選択するのが正解なのでしょう。

▼別れた男のことなど、頭にくることがあっても、早く忘れる

仏教説話に、このようなものがあります。

ある若い青年が、新しくブッダの弟子になりました。

しかし、青年には妻がいました。

妻の存在が、これからの自分の修行の邪魔になると考えた彼は、妻に離婚を言い渡し、実家へ帰るように勧めました。

彼の固い意志をわかっていた彼女は、彼の言う通り離婚に応じました。

しかし、実家へ帰るのはイヤでした。

そこで彼女も、ブッダの許しを得て、出家をしたのです。

ただし、別れた夫と共に修行することはできませんでしたから、遠く離れた土地へいって修行に励みました。


数年後、男性は、別れた妻に再会することになりました。

彼女も出家をして、修行に励んでいると聞いていた彼は、彼女に会ったなら仏教の真理について色々と教え、修行の指導をしてあげようと思っていました。

実際に彼女に会ってみると、彼女は彼よりも、もっと深い悟りに達していたのです。

彼は彼女を指導するどころか、彼女に指導される立場になったのです。

▼みずからすばらしい人生を実現し、別れた男を見返してやる

この仏教説話に登場する女性を参考にしてみたら、どうでしょうか。

男性から別れ話を切り出されたのをきっかけにして、女性自身がみずからの夢を実現することに突っ走っていけばいいのです。

そうして、もっと幸せな女性、もっと人間性の大きな女性となって、別れた男性を見返してやればいいのです。

⑥ 自分自身の年齢的な衰えを受け入れられずにいる人のために

年齢と共に、人は衰えていきます。

これは永遠不滅の、人間の真理です。

年齢が増すごとに、肌は衰え、体力はなくなり、記憶力も低下していきます。

できたことができなくなり、一つのことをやり遂げるのに時間もかかるようになります。

社会的にも、ある時期までは、地位も収入も右肩上がりに上がっていっていたのに、ある時点から今度は、どんどん下がっていきます。

また、健康そのものであった人も、色々な病気に悩まされることになります。

これは「仕方ないこと」です。

ところが、こんなふうに言って、この「仕方のないこと」に対して、ひどく怒る人もいるのです。

「お金をかけてエステにも通い、高級化粧品で毎日お肌のお手入れをしているというのに、どうして顔にシミができるのよ。どうしてシワが増えていくのよ」

「かつて部下だった人間が、今や自分より業績を上げ、職場の中で活躍している。そんなことは、自分のプライドが許せない」


ですが、そのように怒って、どうなるというのでしょうか。

怒れば、顔が若返っていくのでしょうか。

怒れば、若かった時のように、仕事でバリバリ活躍できるようになるのでしょうか。

そんなことはありません。

怒れば怒るほど、かえって小ジワが増え、かえって顔は老けていくでしょう。

怒れば怒るほど、ますます思い通りの結果を出せない自分に腹が立ってきて、かえって仕事への情熱を失わせる結果となるでしょう。

▼怒れば怒るほど、人は老けていく。怒らない人は、若々しくいられる

仏教は、「仕方ないことに腹を立てても仕方がありません。仕方ないことは仕方ないこととして、すなおに受け入れなさい」と教えます。

顔が老けていくのも、能力が衰えるのも、病気になることも、人にとっては、できれば経験したくない「イヤな出来事」です。

しかし、イヤな出来事であったとしても、怒るのではなく、仕方ないこととして受け入れるのが「心安らかに生きる」コツなのです。

そして、心安らかでいてこそ、じつは「いつまでも若々しくいられる」のです。

9章のまとめ

「人に感謝する気持ち」を忘れずに生きることで、幸せになれます。怒りの感情からも遠ざかって暮らしていけます。

たとえば、みんなが見ている前で、誰かに非難されるような出来事があっても、その相手に怒らないようにしましょう。

怒らずに「いいことを教えてもらって、ありがとうございます」と、大きな声を出して、相手に感謝するのです。

相手に怒っているよりも、そうするほうが自分自身の心が爽《さわ》やかになります。また上司や、周りの人たちも「明るく元気な人だ」と、いい印象を持ってくれることになるでしょう。

「人に感謝する気持ち」を保ち続けるためには、「自分がもっとも賢い」「自分のことは、自分がもっともよく知っている」「自分が一番正しい」という、強い思いこみを捨てることです。

そのような自分本位の考え方を、仏教では「我執《がしゅう》」と呼んでいます。「思いこみ」「がんこさ」「強すぎるプライド」といったものは、すべて「我執」から生まれてきます。

「我執を捨てなさい」というのが、仏教の教えです。

我執を捨てれば、人に腹を立てることもなくなり、心が安らかになり、人の好意にすなおに感謝できるようになります。

自分が「老いていくこと」に、腹を立てている人もいます。

たとえば顔が老けていく、能力が衰える、病気になる、などです。

しかし仏教は、「仕方ないことに腹を立ててもしょうがない。仕方ないことは仕方ないこととして、すなおに受け入れる」と考えます。

イヤな出来事であったとしても、怒るのではなく、仕方ないこととして受け入れるのが「心安らかに生きる」コツであります。

そして、心安らかでいてこそ、じつは「いつまでも若々しくいられる」のです。

本書は二〇一一年三月に出版した書籍を
改題改訂したものです。

「怒らない人」が人生10倍得をする

著　者　　植西　聰
発行者　　真船美保子
発行所　　KK ロングセラーズ
東京都新宿区高田馬場 2-1-2　〒 169-0075
電話 (03) 3204-5161(代)　振替 00120-7-145737
http://www.kklong.co.jp
印刷・製本　　中央精版印刷(株)

落丁・乱丁はお取り替えいたします。
※定価と発行日はカバーに表示してあります。

ISBN978-4-8454-5128-9 C0230　　Printed In Japan 2020